用于国家职业技能鉴定

国家职业资格培训教程

YONGYU GUOJIA ZHIYE JINENG JIANDING

GUOJIA ZHIYE ZIGE PEIXUN JIAOCHENG

快递业务员

（中级）

主编　赵永强　周海明

编者　刘丽华　钱黎阳　周晓辉　史新峰

朱长征　李彩凤　吴　静　王轼颖

审稿　樊相宇　楼旭明　岳丽娜　高　沂

中国劳动社会保障出版社

图书在版编目(CIP)数据

快递业务员：中级/人力资源和社会保障部教材办公室组织编写．—北京：中国劳动社会保障出版社，2010

国家职业资格培训教程

ISBN 978-7-5045-8394-9

Ⅰ.①快… Ⅱ.①人… Ⅲ.①邮件投递-技术培训-教材 Ⅳ.①F618.1

中国版本图书馆 CIP 数据核字(2010)第 132906 号

中国劳动社会保障出版社出版发行

（北京市惠新东街 1 号　邮政编码：100029）

出 版 人：张梦欣

*

国铁印务有限公司印刷装订　新华书店经销

787 毫米×1092 毫米　16 开本　8.5 印张　182 千字

2010 年 7 月第 1 版　2021 年 11 月第 7 次印刷

定价：17.00 元

读者服务部电话：（010）64929211/84209101/64921644

营销中心电话：（010）64962347

出版社网址：http://www.class.com.cn

内容简介

本教材由人力资源和社会保障部教材办公室组织编写。教材以《国家职业技能标准·快递业务员（试行）》为依据，紧紧围绕“以企业需求为导向，以职业能力为核心”的编写理念，力求突出职业技能培训特色，满足职业技能培训与鉴定考核的需要。

本教材详细介绍了中级快递业务员要求掌握的最新实用知识和技术。全书分为六个模块单元，主要内容包括：快件收寄、快件派送、客户服务、快件接收、快件分拣和快件封发。其中第 1 单元至第 3 单元为“快件收派”模块考核的内容，第 4 单元至第 6 单元为“快件处理”模块考核的内容。

本教材是中级快递业务员职业技能培训与鉴定用书，也可供相关人员参加在职培训、岗位培训使用。

前　言

1994 年以来，原劳动和社会保障部职业技能鉴定中心、教材办公室和中国劳动社会保障出版社组织有关方面专家，依据《中华人民共和国职业技能鉴定规范》，编写出版了职业技能鉴定教材及其配套的职业技能鉴定指导 200 余种，作为考前培训的权威性教材，受到全国各级培训、鉴定机构的欢迎，有力地推动了职业技能鉴定工作的开展。

原劳动保障部从 2000 年开始陆续制定并颁布了国家职业标准。同时，社会经济、技术不断发展，企业对劳动力素质提出了更高的要求。为了适应新形势，为各级培训、鉴定部门和广大受培训者提供优质服务，人力资源和社会保障部教材办公室组织有关专家、技术人员和职业培训教学管理人员、教师，依据国家职业标准和企业对各类技能人才的需求，研发了职业技能培训鉴定教材。

新编写的教材具有以下主要特点：

在编写原则上，突出以职业能力为核心。教材编写贯穿“以职业标准为依据，以企业需求为导向，以职业能力为核心”的理念，依据国家职业标准，结合企业实际，反映岗位需求，突出新知识、新技术、新工艺、新方法，注重职业能力培养。凡是职业岗位工作中要求掌握的知识和技能，均作详细介绍。

在使用功能上，注重服务于培训和鉴定。根据职业发展的实际情况和培训需求，教材力求体现职业培训的规律，反映职业技能鉴定考核的基本要求，满足培训对象参加各级各类鉴定考试的需要。

在编写模式上，采用分级模块化编写。纵向上，教材按照国家职业资格等级单独成册，各等级合理衔接、步步提升，为技能人才培养搭建科学的阶梯型培训架构。横向上，教材按照职业功能分模块展开，安排足量、适用的内容，贴近生产实际，贴近培训对象需要，贴近市场需求。

在内容安排上，增强教材的可读性。为便于培训、鉴定部门在有限的时间内把最重要的知识和技能传授给培训对象，同时也便于培训对象迅速抓住重点，提高学习效率，在教材中精心设置了“培训目标”等栏目，以提示应该达到的目标，需要掌握的重点、难点、鉴定点和有关的扩展知识。

本书在编写过程中得到西安邮电学院的大力支持和热情帮助，在此一并致以诚挚的谢意。

编写教材有相当的难度，是一项探索性工作。由于时间仓促，不足之处在所难免，恳切希望各使用单位和个人对教材提出宝贵意见，以便修订时加以完善。

人力资源和社会保障部教材办公室

目录

第1单元

快件收寄

快递从业人员在日常工作中，常需要在收取件的过程中与顾客接触，这就要求快递从业人员能够掌握快件的收寄、收验以及后续处理的相关知识，这样才能更好地为顾客服务。

第一节 收寄指导

→了解海关清关常识

→熟悉合同条款中的相关权利和责任

→熟悉快件查询、更址、撤回和索赔的程序

一、快件收寄业务与清关基本常识

1. 快件收寄业务

(1) 快递收寄流程。快递产业是近年来发展十分迅速的一个行业，其服务对象既有生产类客户，也有消费类客户，因此，快递产业属于生产性服务与消费性服务相兼的现代服务业。各个快递公司在快件服务的具体安排上可能会存在一定的差别，但基本流程大致包括以下几个方面：

1) 客户下单。如果是新客户，客户部应为客户设立账号，收派员取件时发给客户账号卡。接单员接单时，务必记录客户地址、公司名称和联系电话，告之大致时间区间，但不做肯定承诺。

2) 通知取件。接单员接到客户下单后，通知所属路区的收派员，力争第一时间上门取件。收派员若接到错误信息（非自己所属路区）应与客服部联系，及时修改信息。

3) 上门取件。带好必备的用品和工具，注意行车安全，遵守交通法规；按作业标准，拒收禁运品，规范填单，完美包装，准确称重，正确收费；注意保护易碎品，轻拿轻放，确保快件安全。

4) 快件入库。收派员回到公司交件前，应再次检查重量、运单、代码、标签等是否操作有误。仓管员要把好最后一关，确保运单、重量、件数、数据与交货一致。

5) 分拨转运。各营业中心的车辆须在规定时间内，到达作业中心参加分拨；遵守分拨转运的操作，文明装卸和运载，确保快件安全无损；注意清场，切勿错拿快件或将快件遗落在分拨转运中心。

6) 出库派送。仓管员将到达本营业中心的快件，按所属路区交相关收派员派送。收派员填写派送路单，做好派送前的各项准备工作。仓管员清点核对快件，收回派送路单底联备查。

7) 客户签收。收派员按照最佳路线，在规定时间内，将快件送达客户手中。原则上，应由收件人签收。代收时，务必由代收人签字，或者由单位加盖公章。收派员务必带回作为客户已签收的凭证的“运单存联”。

8) 交款交单。收派员回到公司，将所收运费交财务部，将派送记录单交仓管员。

(2) 流程规范要求

1) 收件流程规范化。收件流程包括收件准备、接收取件信息、验视快件和面单填写等方面。

① 收件准备。收件准备包括：检查交通工具，确保不带隐患上路；驾驶汽车或摩托车，要同时检查行驶证件是否携带齐全；检查通信工具工作是否正常，以保证一天信息畅通；带齐收件所需的物品，如手持终端、手机、面单、信封、包装袋、胶带、卷尺、弹簧秤、美工刀、圆珠笔、记号笔、运单袋、收件绑带、快件背包、鞋套、发票、企业宣传册等；进行个人仪容仪表检查，互检或对镜自检，保证整洁干净，必须着工作装，配戴工作牌；查阅前一天工作记录，对前一天承诺客户的问题（如补足发票等）是否准备齐全，同时对公司最新公布的网络信息仔细做好记录，防止各类问题件的产生。

②接收取件信息。接收取件信息包括：接到客户要求取件信息后，在规定时间内到达约定地，对于没有确切地址的客户或在马路边寄件的客户一般不予收寄；如无法在约定时间到达，应致歉客户并重新约定；发现寄件客户不在自己服务区域内，应立即通知公司客服人员，安排该区域业务员取件。在到达指定的取件地点时，应妥善放置交通工具。如有已收取的快件，原则上做到件不离身（防止快件被盗后，盗贼对快递公司进行敲诈勒索）；如遇雨雪天，进客户办公室或住所之前应征得客户同意，并穿好鞋套；不得随意翻动客户的任何物品。如发现客户未能及时准备或发现本人暂时离开等原因造成不能当即完成取件服务的，快递业务员要根据自己的取派件工作重新安排，以免耽误其他客户的取派工作；离开后要打电话向客户说明原因，并与客户重新约定时间。

③验视快件。验视快件包括以下内容：

a. 检查客户所寄物品是不是违禁品。目前国内快递企业在收寄客户快件时都是按照国家邮政局颁布的《禁寄物品指导目录及处理办法（试行）》（国邮发［2007］152号，2007年11月6日发布）和《寄递服务企业收寄物品安全管理规定（试行）》（国邮发［2008］21号，2008年2月20日发布）来执行的，当然还包括国家相关法律法规明令禁止寄递的物品。

b. 查验货物可否收寄。查看快件的重量、件数及外型尺寸是否符合公司寄递要求。对于贵重物品，如手机、计算机等，必须与客户一起当面确认数量及完好程度，并根据合同请客户填写保价金额。如果客户不同意保价，应向客户说明运单背书条款。除了检查内件，还要进行外包装检查。不符合运输要求的，提示客户重新包装。对于信件，则不予收取，可建议客户通过邮局邮寄。

在快件通过安全和查验关后，业务员还要确认收件方地址和时效是否在公司服务范围之内，对超区件（快递公司网络还没有覆盖到）应向客户说明；客户不愿自取的，应向客户说明原因，婉拒客户。对于客户要求的特急件，要合理安排能到达的时间，在面单上注明加急时限及“加急件”字样，并按照规定向客户收取加急费，一般应安排专人递送。目前国内许多快递公司都在经营此类业务。

c. 称重计费。国内各快递企业中，有的按重量计费，有的则按体积计费（主要针对大件且不规则货物），无论何种计费方式，都应在“件数”栏中填好相应的件数。对无法当场称重的大件，应询问客户是否可以带回公司称重，如客户不同意则拒收。最后按称重情况，计算出运费、保价费等。现结的直接收取账款，月结客户在面单上记明月结客户编号；对现付的客户，次日与客户结算多出或少收的运费款。月结客户要将更正后的相应收据（一般指运单相关底单）重新交与客户。

如客户要求到付，首先确认要寄的到付件是否在公司开通的到付业务范围之内。如果是在公司服务范围之内，要告知客户到相应地区的到付件价格，并要求发件客户与收件客户确认以到付形式发运，且收件客户承诺付款，方可受理。目前在国内电子商务物流发展过程中，快递企业推出了诸如到付、代收货款、验货服务、时效件等增值服务，邮政 EMS、顺丰、圆通、申通、韵达等现均已开通到付业务。但从行业发展情况来看，已经开通的几家公司除邮政 EMS 和顺丰速运做到了部分跨省市的代收货款服务外，其他的基本上还只限于同一个城市内的代收货款业务。

④面单填写。在快递服务过程中，面单填写非常重要。据业内人士推算，由于面单填写不规范导致的问题占到快递服务问题将近三成的比例。业务员在收件时要指导客户填写完整收寄地址，同时自己还要填写完成其他信息，如揽收快件的公司名称、揽收快件的业务员姓名等，客户确认无误后亲笔签名。付款方式为月结的，在月结框上打上钩，抽出发件联整理整齐后交给客户相关负责人；现付的快件必须写上费用总计，抽出结账联留给客户。在快件包装方面，能在客户处当面完成的应尽量当面完成封件操作。不能及时完成的，要征求客户意见，能否将快件拿回公司包装，如果客户同意，应将面单号码写在物品上面，以防贴错运单；如果客户不同意，则不予收寄。收件的最后一项工作是清理现场，与客户礼貌道别。

2）派件流程规范化。派件主要包括与操作人员交接派件、出发前的准备、到达派件目的地要做的工作和派件以及回公司交接等。

①与操作人员交接派件。派件快递员要对操作人员分拨给自己的快件进行验收，主要是确认操作人员分拨给自己的快件是否在自己的派送范围内，外包装有无破损及内件有无异常响动等。对有问题的快件要向操作人员登记说明，破损件要当场称重，按公司相关规定交由相关人员处理；错分件应当场退还操作人员，重新分拣。等到操作人员出仓扫描结束、数量核对准确后，派件业务员要在派件单上签字确认，才可派送。

②出发前的准备工作。出发前的准备工作主要是指派件快递员根据自己的服务区域，安排最佳线路，以节省派送时间。还要注意快件的捆绑，确保快件及行车安全。到达派送目的地后要遵守送件礼仪，如按铃、敲门，并请收件人本人出示身份证进行核对，提示收件客户亲笔签字。配有手持终端的快递业务员应及时上传签收信息。

③派件及交接。按照相关规定的要求，快递业务员将快件交给收件人时，有义务告知收件人当面验收快件；验收无异议后，验收人应确认签收。拒绝签收的，验收人应在快递运单等有效单据上注明拒收的原因和时间，并签名。当前，快递企业和电子商务企业在诸如“先签字后验货”还是“先验货后签字”和快递企业在延误或丢失快件后的赔偿问题上存在争议。例如，某公司想借自身平台的影响力，让快递公司普遍接受“先验货后签字”的做法，以引导规范我国快递业。对于收件客户本人不在的快件而需由他人代签的，派件业务员必须打电话征得收件人本人的同意。对到付件，按到付金额收取客户相应现金，并开具发票。如是到付月结，写明月结客户编号。

派件快递员在完成快件派送后，要立刻回公司签收录入（有手持终端的除外）。当前市场竞争激烈，一些快递公司推出了诸如次晨达、次日达、同城当天件、区域当天件等产品，因此派送的频次比较高，派件快递员更要注意及时签收录入。

对于当班次未派送成功的快件，要交给公司操作人员作留仓件扫描，并在件上写明留仓原因。按照相关规定的要求，应对快件提供至少 2 次免费投递。投递 2 次未能投交的快件，收件人仍需要快递服务组织投递的，快递服务组织可以收取额外费用，但应事先告知收件人费用标准。另外，对于签收回单的数量和派送单上的派件数量要进行核对并保存。通常，快递运单的实物保存期限应不少于 6 个月，电子运单保存期限不宜少于 1 年。

3）中转环节规范化。快件中转其实就是快递货物的再分拣，主要包括快件入仓、分拨、出仓、留仓件处理及快件操作信息上传等。

快件入仓指快件到达分拨中心后，首先要对快件进行入仓扫描。无论是通过航空还是铁路或者汽车运输的快件，都要通过汽车运至分拨中心进行再中转。在车辆到达分拨中心后，首先要对车辆的封闭情况进行检查。现在有些企业推行车辆封签，主要就是为了通过快件信息管理系统监控车内货物，如什么时候从上一个站点出发，什么时候到目的站点等。在对车辆的封闭情况进行检查时，如果发现异常情况，操作人员要及时登记并上报。有些快递企业实行整车计重收费，相关人员就要对整车进行过磅后，才可卸车。在检查车辆发现异常时，要对车辆封签和线路编码等进行扫描，这些在快件信息管理系统都可以做到。需要说明的是，有些快递企业实行整车计费，在卸车的时候只扫描包签即可。至于单件货物则进行单件扫描。无论是逐车、逐包还是逐件扫描，都要进行计费。在卸车、解包时，要人工核对实际货物与货签的数量是否一致。如果出现扫描快件数量与包签上标明的数量不符的，要尽快查明原因，一般通过快件信息管理系统即可查清楚。

快件入仓后，就要进行下一步一系列工作。首先是快件分拨，也就是重新分拣，使其到达下一个目的地。现在很多快递企业都有分拣流水线，加快了分拣速度。其次是快件出库操作。出库时首先对快件进行装包操作，包括扫描包条形码，输入目的地和扫描快件面单（或包签号），然后在包签上正确填写各项内容，在包外写明内件数。再次是装车操作，包括扫描车辆标签条形码，输入目的地，扫描包面单条形码，在车辆标签上填写完整各项内容等。对没有装上车的快件也要进行处理。对于如地址不详、错发转发、无头件、违禁品、退回件等各种遗留快件，要通过各种形式反馈到快件信息管理系统，便于客户查询。目前，国内许多快递企业为了保证快件的中转时效，有时对一些超大型货物不能给予“同等对待”，使其成为滞留货，其主要原因是快递企业对车辆装载量的配置不均衡所致。最后，所有扫描的数据要上传到快件信息管理系统。这样，就完成了快件在分拨中转环节的所有工作。

在许多较为先进的快递企业，已开始使用快递业务管理应用包。快递业务管理应用包是针对中小型快递企业的常用业务模型而搭建的，以快递业务流程管控为目标的软件包产品。软件涵盖了快递行业业务流转、财务管理、GPS 定位等业务范围的信息化管理。

快递业务管理应用包操作简便，流程清晰，信息全面，涵盖了快递行业中的多数功能，是高效快递的助推剂。快递业务管理应用包的业务流程图如图 1—1 所示。

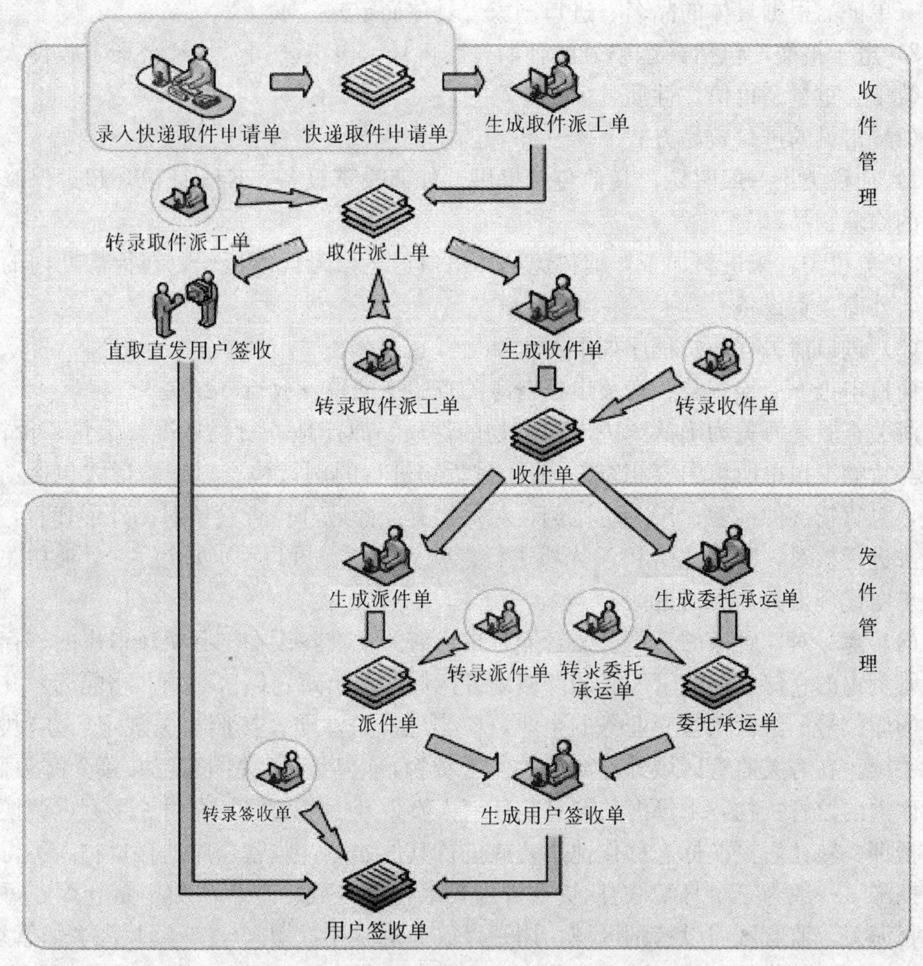

图 1—1　快递业务管理应用包的业务流程图

2. 海关清关常识

海关是国家进出关（境）的监督管理部门，《中华人民共和国海关法》（2000 年 7 月修订，2001 年 1 月 1 日起施行）中规定，海关依照本法律和其他相关法律、法规对进出境的运输工具、货物、行李、邮政物品等实行监管，并征收关税、稽查走私、办理其他海关业务。

清关（customs clearance）即结关，是指进口货物、出口货物和转运货物进入或出口一国海关关境或国境必须向海关申报，办理海关规定的各项手续，履行各项法规规定的义务。只有在履行各项义务，办理海关申报、查验、征税、放行等手续后，货物才能放行，货主或申报人才能提货。同样，载运进出口货物的各种运输工具进出境或转运，也均需向海关申报，办理海关手续，得到海关的许可。货物在结关期间，不论是进口、出口或转运，都必须处在海关监管之下，不准自由流通。

(1) 基本的清关资料

1）清关单证，包括：B/L、发票、装箱单、合同、原产地证、质检证书、包装声明等（单证需根据具体的品名、进口国家等具体而定）。

2）电子报文，包括：运单号、日期、航班号、申报公司、快递公司、收件人、品名、数量、重量、价值、性质。

（2）常见的进口贸易方式

1）征税类：一般贸易，其他免费提供，外商投资设备，KJ3 征税，超过保修条款期限的修理物品。

2）免税类：来进料加工，辅料免税，出口退运，无代价抵偿，在保修期内的修理物品，外商投资设备。

（3）进口清关程序。程序如下：

商检申报→商检查验→海关申报→海关查验→征税→放行→结关。

海关查验是海关为确认“进出口货物的性质、原产地、货物状况、数量、价格等，是否与货物申报单所填内容相符”，依法对货物进行的例行检查。查验形式包括：彻底查验，对货物逐件检验；按一定比例，对货物有选择地开箱查验核对；外形查验，对货物唛头进行核对，利用地磅和 X 光机进行查验。（注：进口货物查验后一旦被扣关，不得抽单由代理报关，不得退运。）

（4）海关对监管库的管理。监管库是指经海关批准，设在国际机场口岸的、存放海关监管货物的仓储区。监管库必须严格划分区域，进出口仓储区必须严格隔离，并划定堆放的库位号。经营监管库业务的企业，应当经海关注册，按照海关规定，办理收存、交付手续。在海关监管区域外存放海关监管货物，应当经海关同意，并接受海关监督。监管库内的监管货物，未经海关同意，任何人不得开拆、提取、交付、发运、调换、改装、抵押、转让后更换标志移作他用，或进行其他处理。监管仓库所存货物，不得超过规定期限（一般为三个月）。逾期货物管理要求特别堆放，存入海关指定仓库，每月清理上报海关。监管区需设特别区域，用于存放商检监控货物。（注：违反海关监管规定，或者在保管海关货物期间，除不可抗力外造成海关货物损毁或灭失的，企业经营者须承担纳税义务和法律责任。）

对于进口货物来说，目前国家海关认可的除临时入境之外还有三种方式：一般贸易报关进口，来料/进料加工企业的手册进口，快递进口。

一般贸易报关所具备的优势是可以大批量进口所需物资，并且可提供海关所征收的所有税金和相关的费用。其所提供的税金对于企业来说可以起到抵税、退税的作用，但局限也很大。对于散货和比较急需要用的货物而言，一般贸易不能够体现它所具备的优势，因为它所需的清关时间比较长（一般贸易进口要求各项单证、批文必须齐全，办理完成会花费很长的时间），同时它要求进口货物必须单独使用拖车、单独报关入口，这样就会造成进口货物成本提高和时间拖延。一般贸易多适用于生产原料、机械生产流水线等大宗高价值货物。

来料/进料加工贸易进口的程序与一般贸易进口差不多，不同的是要先办手册。报关时需要加工贸易手册和一般贸易进口所需的资料进行。

快递进口的优势显而易见，首先它不需要货主提供货物的单证及相关证明，其次由于它要求的资料仅仅是货物的商业发票和装箱单，因此时间和速度都比较快，从接到货物到进口清关至内地一般在两天之内。如果货物比较多，又可以分批申报进口，故大批货物的进口也可以采取快件进口方式操作。快件进口多适用于 IC、通信产品、酒类、化妆品、珍品皮具、小吨位机器等。

通常，一般贸易进口费用高于快递进口的费用，因为它要求征收的所有费用和税金都是针对于单票货物来进行的，不过由于它能提供所对应的发票和税金证明，顾及到有这方面需要的公司，这些都是必不可少的。快递进口不能向顾客单独开具海关所征收的各种发票，因为它在进口的过程中是整个一批货物所产生的进口关税和进口增价税，这部分税金在进口时由所委托的物流公司当中抵扣掉了。但是，如有对票据方面的需要，也可通过其他途径办理，也是完全合法的。由于快递进口所花费的时间和费用都比一般贸易低很多，所以有很多的客户选择这类进口方式。

综上所述，快递进口相对于一般贸易进口和来料/进料加工贸易进口明显的优势在于：快递进口所花费的时间少，速度快，手续简便，绝对是优于一般贸易进口的。进口不同的货物应该选择不同的进口清关方式。客户在进口清关时一般关心的是货物进口所需时间、清关费用、货物的安全这几个问题。如能正确把握进口清关的途径，必将事半功倍。

二、签订快递合同相关知识

1. 合同条款

合同条款是由某快递公司作为货运代理的发运人承认各项背书条款，作为约定，共同遵守，具有法律效力。合同条款自发运人和承运人双方签字之日起确认生效。

2. 运单

快递公司的运单是为发货人准备的，具有契约性质，不可转让。当发货人以物品所有人或代理人的名义填写该运单，并签字署名后，即表示接受和遵守该运单背书条款的各项约定，并受法律保护。

3. 发运人的责任及承诺

（1）发运人及其委托的代理人保证所委托发运的是符合国家法律及运输部门能接受的，不违背承运人意愿的物品。

（2）对委托发运的物品应妥善包装，且必须符合物品安全运输的要求，对特殊性质的物品（如重要物品，易损坏的物品等）发运人应做好特殊包装，并向承运人作出特别声明或实际保价措施。

（3）发运人必须在“××快递详情单”上用正楷汉字（国际件用英文）详细填写发运人及收货人的全称姓名、部门地址、联系电话等要件。

（4）发运人承认快递公司有权放弃或拒绝不适宜快运方式运输的，有意或无意隐瞒物品真实品名、价值及国家法律明令禁止携带、邮寄、运输的物品，一旦违反，发运人愿意承担由此而产生的一切法律及经济赔偿责任。

（5）发运人及其委托代理人保证接受和支付快递公司所公布的物品运价及其相关的包装、仓储和退运费用。

（6）快递公司在原有收费标准基础上根据客户的要求，需要保价则按申报实际价值加收3%保价费，否则寄件人默认快递公司为其保价最高限额。

4. 被承运物品的知情

快递公司有权获知被承运物品的性质、品名、数量及质量等，协助有关政府部门和运输部门对承运的物品进行检查或查处。

5. 被承运物品的置留权

发运人及其委托代理人未按承运合同规定支付应付运费及相关费用，则承运人在没有取得有效担保之前，有权置留所承运的物品，并保留对发货人及其委托代理人的追偿权，且对由此而产生的任何损失不负赔偿责任。

6. 负责条款

（1）快递公司对因不可抗力所造成的物品运送延误、遗失、毁灭或没收不负责任，如战争、暴乱、恶劣天气、航班延误、坠机、火灾、水灾及自然或人为的严重灾害及无法控制的各种情况，或由于发运人的原因造成的没收均不负任何责任。

（2）快递公司对由于物品运送的延误或遗失所造成的间接损失或其他非主体性的损失不承担任何赔偿责任。

（3）快递公司对由于下列原因所造成的物品运送延误、运送错误及损失不负任何责任。

1）由于发运人的原因，如地址填写错误或不全，收件人地址变更或无法送达的地域等。

2）由于发运人所委托运送的物品本身违反了国家有关政策、法令，是明令禁止的，如易燃、易爆、易污染、易腐蚀、有毒的各类粉剂、水剂及其他违禁品。

3）由于发运人未经声明及包装不当所引起的各种损失。

7. 赔偿限额

对一般物品（未经保价）均按每件最高人民币500元赔偿，对保价的物品按实际金额赔偿，最高保价额限2万元人民币；特殊物品（不包含其商业价值），若国家有规定的按国家规定的赔偿，国家没有规定的，按物品的实际价值赔偿。

8. 索赔

（1）任何索赔必须在交寄后30天内（以本单所填日期为准），由发运人提出，并以书面形式通知承运人，同时必须出具此详情单第三联原始副本及支付的费用收据。索赔的要求只有在运费已支付的情况下方可被接受，超过规定期限将视为发运人已认可所委托运送的物品完成了全部程序而放弃追赔的权力。

（2）发运人在提出索赔的同时，有义务继续承担并偿付所欠承运人的运费，发运人无权从中扣除申请赔偿的款项。

9. 适用范围

（1）以上所列条款适用于所有享有注册商标使用权及经营代理权的公司或其他的指定代理人。

（2）快递公司与发运人之间所签订的所有协议均应符合双方利益及国家的有关法律、法规，并接收所在地区仲裁机构的裁决。

国内快递合同样本示例如下：

国内快递合同样本

甲方：

乙方：

签订日期：　　　　　　年　　　　　　月　　　　　　日

800 客服热线电话：　　华北区：800—　　华东区：800—　　华南区：800—

客户账号：

经甲乙双方友好协商，就乙方为甲方提供国内快递运输服务及相关费用结算事宜，达成如下协议：

一、双方的责任和义务

1. 甲方同意由乙方为其提供国内快递运输服务，并按本协议规定支付给乙方相关费用。甲方在使用乙方服务时，须使用乙方所提供的专属快递账号，对其负保密责任，对该账号下发生的全部费用向乙方承担付款责任。

2. 甲方在使用乙方快递服务时，须正确、认真、如实填写××快递运单，在必要时，应向乙方提供与货物运送有关的资料和文件。

3. 甲方应遵守国家对于禁运品的有关规定，并保证所交付的物品或物品中所夹带的物件不属于国家法律、法规、规章规定的禁止或限制运输物及其他危害运输安全的物品，如实申报货物品名等。如因甲方违反本规定而造成的全部损失由甲方承担。

4. 发件人采用由收件人或第三方付费时，应承担因收件人或第三方拒绝付费时支付该运费及其他费用的责任。

5. 甲乙双方必须互为对方保守商业秘密。

6. 双方的权利义务适用××快递国内运单背面所载条款以及相关法律、法规的规定。因乙方责任而造成货物损失的，乙方需按××快递国内运单规定负赔偿责任。

二、费用与结算

1. 运价按照××快递服务价格表的规定执行。在本协议书有效期内，××保留因特殊情况（如航空运费调整等）而调整价格的权利，并通知甲方。

2. 为了规避运输途中因自然灾害等不可抗力因素和意外事件可能带来的风险，乙方联合中国人民保险公司推出联合货物运输保险增值服务。乙方建议甲方购买，保险费率为　　‰。

如甲方要为所发货物投保时，需同时在乙方提供运单中的“保险事项”一栏中勾“保险”项，并注明保险金额，即甲方货物的据实声明价值。若在保险责任范围内出险，则按联合货物运输保险条款执行。如甲方未在“保险事项”一栏中勾“保险”项并注明保险金额，则视为甲方不为此票货物投保。如此票货物出险，则按运单背书条款执行。

甲方保险费＝保险金额（甲方物品的据实声明价值）×保险费率

3. 甲方可以自愿选择购买乙方提供的签单返还有偿增值服务，服务费用为　　元/票。如甲方选择签单返还服务时，应同时在乙方提供的运单中勾“签单返还”项。

乙方不承诺签单返还时限，且返还单据不作为甲乙双方费用结算依据。

（签单返还，即乙方向甲方提供的将运单签收联等单据返还给甲方的服务）

单元 1

4. 甲方可以选择以下身份付费（可多选）：

□寄件人付费　　□收件人付费　　□第三方付费

如甲方选择第三方付费，则须满足以下条件：

(1) 须有月结协议账号。

(2) 需付款信用良好。

5. 甲方可以选择以下费用结算方式（可多选）：

□单票现金结算

□甲方按月与乙方结算（向月用量大于500元的客户提供该项服务）

（若甲方月用量连续3个月低于500元，经双方确认后改为单票现金结算）

6. 甲乙双方以乙方提供的费用月结对账单作为每月双方对账依据，甲方应妥善保管乙方每次服务时提供的运单联作为对账依据。

7. 甲方费用结算截止日期（请在□中单选）：

□每月25日　　□每月30日　　□其他

（乙方会在结算截止日期后的5个工作日内将对账单据传达到甲方）

8. 甲方月结付款日：结算月次月　　日

付款流程：

(1) 甲方在收到乙方费用月结对账单后，应于3个工作日内核对并确认，如无异议，甲方应根据账单付款；如有异议，请于收到账单3个工作日内提出。

(2) 双方对账完毕后，乙方应在5个工作日内向甲方提供费用发票，同时甲方应付清款项。

9. 甲方同意采取以下支付方式（可多选）：

□现金　　□支票　　□银行电汇

10. 甲方不得以部分款项有争议为由拖延其他无争议部分款项的按时支付。对有争议的部分，经双方核对并达成一致意见后，甲方须于商议付款日结清该部分款项。

11. 如因甲方原因未按合同付款期付款，乙方有权按未付款项的万分之五收取日滞纳金；并有权取消甲方在本协议下享有的费用月结待遇而改为单票现金结算；乙方也有权选择单方终止本协议，不再为甲方提供快递服务。

三、期限

本协议有效期为1年，自　　年　　月　　日至　　年　　月　　日。如本协议到期，双方均未提出异议，则协议有效期自动顺延，以1年为期。

四、除按本协议第二条第10款之规定乙方单方终止协议外，在协议执行期间，任何一方如提出修改或终止本协议，应提前30日以书面形式通知对方。协议的提前终止，不影响双方于协议终止前已产生的权利和义务。

五、其他

1. 乙方向甲方提供的快递服务价格表、××快递国内运单及其他与运送有关的规定均被视为本协议不可分割的一部分，与本协议具有同等效力。

2. 甲乙双方若有需要改变公司名称、联系付款或需搬迁离开原所在地以及其他可能影响本协议执行的变更时，均应于变更之日起5个工作日内书面通知对方，否则须由

单元 1

变更方承担给对方造成损失的责任。

3. 本协议下的任何争议，双方应友好协商解决，若协商不成，提交乙方所在地人民法院诉讼解决。

4. 本协议一式两份，双方各执一份，自签订之日起生效。

六、备注

甲方：	乙方：
地址：	地址：
电话：	电话：
开户银行及账号：	开户银行及账号：
负责人：	负责人：
公司盖章：	公司盖章：
日期：	日期：

三、快件查询、更址、撤回和索赔的程序

1. 快件的查询

(1) 快件查询方法

1) 网站查询。进入网站前要知道所使用的是哪个快递公司，然后直接到互联网上查询××快递。进入公司网站就会有查询物流状态，直接输入运单号后即可以看到快递的进程。现在快递公司都采用条形码追踪的方法。数据库会留一个接口，让客户可以通过网站查询跟踪。

2) 电话查询。客户拨打客服热线告诉服务人员运单号码即可。

3) 营业窗口查询。到客户交寄邮件的营业厅办理查询手续。营业窗口受理邮件查询时客户应提供邮件详情单寄件人存联或邮件收据（如非寄件人而是受寄件人委托办理查询，应提供邮件收据或邮件详情单及寄件人和本人有效证件）。

4) 传真查询。客户通过传真方式查询邮件信息。

5) 手机短信查询：在手机的短信栏目输入交寄的邮件号码后，发送到通信运营服务公司（如中国移动等）提供的专属查寻号码，客户会收到邮件当前状态等信息。

实例：查询 EMS（邮政特快专递服务）邮件的方法：

①拨打 EMS 客户服务电话：当地电话区号＋11185。

②登录 www. ems. com. cn 查询。查询国际 EMS 邮件时，还可通过查询链接，进入相关国家和地区邮政网站查询。

③EMS 邮件短信查询服务，请进入 www. ems. com. cn 中的短信查询了解使用方法。

④登录 EMS 网站进入用户留言，在留言中提供邮件号码和收件人具体地址，网站工作人员会帮助用户查询，并在回复留言时告诉用户查询结果。

⑤在多种查询未果的情况下，请寄件人持 EMS 邮件详情单（寄件人存联）和收据到所交寄 EMS 邮件的邮局办理查询。

⑥各地邮政 EMS 业务开办局免费受理用户的邮件查询。但是，如果客户要求提供收件人签收情况复印材料时，请直接到收寄邮局办理查询，并按规定每件应支付特殊查

询处理费 3 元。

（2）查询有效期。用户自交寄邮件之日起一年内可申请查询。特快专递邮件查询期限为 4 个月。例如：EMS 邮件受理查询的有效期为自邮件交寄之日起 4 个月。EMS 邮件的传递信息只有在相关环节处理过后才能在网上查到。一般来说，在邮件发出的 4 个小时后即可查到邮件的传递处理信息。

（3）查询费用

1）要求提供收件人签收传真或复印件的，需要收取特殊查询费 3 元/件。

2）手机短信查询：此项服务为有偿服务，所有费用分为手机短信通信费用和信息费用两部分，其中，手机短信通信费用由各地中移动公司和联通公司按照标准收取，信息费为移动服务的增值费用，按照如下标准收取：

①如果一次查询一个邮件，每条信息收费标准为 0.5 元。

②如果一次查询两至四个邮件，系统将按照邮件号码分别反馈信息，每条信息收费标准为：第一条信息收费 0.5 元，以后的每条信息收费 0.3 元。

③如果请求提供邮件妥投信息或主要处理情况信息，每个邮件的信息收费 0.5 元。

④如果查询短信的输入有误，系统无法识别，或提交查询短信正确，但系统返回信息为无查询结果，免收信息费。

⑤如果取消妥投信息反馈或取消主要处理情况信息反馈请求，系统返回确认信息，每条信息收费 0.1 元。异地查询不收取漫游费。

（4）受理查询邮件范围。邮件查询只限于给据邮件（收寄时邮局给寄件人出具收据的），平常邮件不受理查询。

（5）邮件查询的申请。寄件人凭交寄的邮件收据向收寄邮局申请查询。国内邮件查询申请，须填写邮件查询申请书。国际邮件查询申请，须填写相关邮件查单。在异地邮局或异国交寄的国际给据邮件也可在寄件人当地邮局办理邮件查询手续。

（6）邮件查询全程期限。国内邮件在本市县互寄的，查询全程期限为半个月；省区内或省区际间互寄的为 2 个月；寄往青海、新疆、西藏的为 3 个月；国际邮件一般为 3 个月。国内特快专递查询全程期限为省区内 6 天，省区外 15 天；国际特快专递邮件一般为 30 天。

2. 快件的更址

快件的更址是指由于派送地址无人签收、收件人搬迁或者其他原因，客户要求将快件改寄其他地址。

（1）处理方法

①收件人要求更改派送地址，必须向发件人确认此事。

②确认运单号码，确认快件正在运输途中，要求客户传真确认函。

③确认两程运费的支付人，确认新的收费事项，重新制作运单。

（2）操作流程

①确认快件是否已被派送，客户须提供更改派送地址的确认函。

②重新制作运单，传真确认函，做好登记工作。

③先程运费是寄付的，须确认后程运费的支付人。

④先程运费是到付的，须确认两程运费的支付人。

跟进过程及结果，输入查询系统备案。

（后程或第二程运费，是指“转寄地”到“目的地”的运费。）

3. 快件的撤回

（1）撤回的条件。寄件人撤回条件主要包括：

1）同城和国内异地快递服务，快件尚未首次投递。

2）港澳和台湾快递服务，快件尚未出口验关。

3）国际快递服务，快件尚未出口验关。

（2）撤回费用。寄件人在向快递服务组织提出撤回申请时，快递服务组织应告知寄件人需要承担撤回费用并告知费用标准。

4. 快件的索赔

快递公司对快件的索赔处理规定基本相同，下面以 EMS 为例说明。

（1）国内邮件

1）保价邮件丢失或全部损毁按保价金额赔偿；部分损毁或短少按实际损失的价值予以赔偿，但最高赔偿额不得超过保价金额。

2）如保价邮件价值高于规定的最高保价限额，发生部分损毁或短少，且损毁或短少的价值又不低于保价金额，也按实际保价金额予以赔偿。

3）未保价邮件发生丢失、损毁、短少时，按实际损失赔偿，但最高赔偿金额不超过所付邮费的两倍。

4）邮件丢失或全部损毁，已收取的各项费用（保价费除外）全部退回。

（2）国际、港澳台邮件

1）延误，退回 30％邮费。

2）信函、资料类邮件丢失、损毁，每件 200 元人民币。

3）邮寄时未在详情单上申报价值的物品类邮件发生丢失、损毁，每件 200 元人民币。

4）已申报价值的物品类邮件发生丢失、损毁，按申报的实际价值赔偿，内件部分丢失、损坏的，按实际损失赔偿，但最高赔偿额均不超过每件 500＋60×W（元人民币），W 为用千克整数表示的邮件重量。

5）邮件发生丢失、损毁，除按相关规定赔偿外，退还已收取的邮费和特殊查询费。

5. 对于快递服务缺失的投诉

（1）投诉注意事项

1）保留运单和发票原件。在投诉过程中，建议将运单原件及发票原件各复印一份，保留好原件。尽量出示复印件，不要轻易将原件交给快递公司。

2）保留网上记录。发生问题后第一时间在网上查询关于快件状态的记录，并将该网页保存下来。这对于快件延误类问题尤其重要，以防止篡改记录或在记录上做文章。

3）保留录音。在具备条件的情况下，建议在与快递公司交涉的过程中，将电话录音，以便将来向相关部门投诉与诉诸法律程序时提出更有利的证据。

（2）投诉维权的相关规定。主要有中华人民共和国邮政行业标准《快递服务》（YZ/T 0128—2007）。

1）投诉处理时限：快递服务组织除了与投诉人有特殊约定外，投诉处理时限为同城和国内异地快件为 30 个日历天，港澳和台湾快件为 30 个日历天，国际快件为 60 个日历天。

2）赔偿原则：快递服务组织与顾客之间有约定的应遵从约定，没有约定的可按以下原则执行。

3）快件延误：延误的赔偿应为免除本次服务费用（不含保价等附加费用）。由于延误导致内件直接价值丧失，应按照快件丢失或损毁进行赔偿。

4）快件丢失：主要包括免除本次服务费用，不含保价等附加费用；购买保价或保险的快件，快递服务组织按照被保价或保险金额进行赔偿；对于没有购买保价或保险的快件，按照《邮政法》《邮政法实施细则》及相关规定办理。

5）快件损毁：快件损毁赔偿主要包括完全损毁和部分损毁两种情况，完全损毁，参照快件丢失赔偿的规定执行；部分损毁，依据快件丧失价值占总价值的比例，按照快件丢失赔偿额度的相同比例进行赔偿。

6）内件不符：内件不符赔偿主要包括内件品名与寄件人填写品名不符，按照完全损毁赔偿；内件品名相同，数量和重量不符，按照部分损毁赔偿。

需要说明的是，《快递服务》不是强制性标准，消费者还可以依据以下规定索赔。

第一，双方签订的协议或合同。

第二，快递公司公开承诺的服务，如延误免快递费等。

第三，《消费者权益保护法》或本地消协法规。

第四，《中华人民共和国合同法》。

（3）投诉途径

1）向快递公司客服中心投诉。

2）如果快递公司不予以解决或者拖延，可以向当地“消协”12315 投诉。

3）向邮政业专用申诉热线投诉，号码为：12305。

4）向人民法院起诉。

6. 快递公司对投诉的处理方法及原则

（1）快递服务组织应当提供顾客投诉的渠道，主要包括网络、电话、信函等形式。

（2）投诉有效期，快递服务组织受理投诉有效期应为收寄快件之日起 1 年内。

（3）快递服务组织应记录如下信息：投诉人的姓名、地址和联系方式；投诉的理由、目的、要求；其他投诉细节。

快递服务组织在记录的过程中，应与投诉人核对信息，以保证信息的准确性。

（4）投诉处理时限。投诉处理时限指从快递服务组织记录投诉人投诉信息开始，到快递服务组织提出投诉处理方案的时间间隔。快递服务组织除了与投诉人有特殊约定外，投诉处理时限应不超过以下时限：同城和国内异地快件为 30 个日历天，港澳和台湾地区快件为 30 个日历天，国际快件为 60 个日历天。

快递服务组织应对投诉信息进行分析并按照服务承诺进行处理。

（5）投诉信息统计。快递服务组织应制订投诉处理表格，以便对投诉信息进行统计分析。

（6）快件赔付的对象应为寄件人或寄件人指定的受益人。索赔因素主要包括快件延误、丢失、损毁和内件不符。

1）快件延误是指快件的投递时间超出快递服务组织承诺的服务时限，但尚未超出彻底延误时限。

2）快件丢失是指快递服务组织在彻底延误时限到达时仍未能投递快件，与顾客有特殊约定的情况除外。

3）快件损毁是指快递服务组织寄递快件时，由于快件封装不完整等原因，致使快件失去部分价值或全部价值，与顾客有特殊约定的情况除外。

4）内件不符是指内件的品名、数量和重量与快递运单不符。

有下列情形之一的，快递服务组织可不负赔偿责任：

第一，由于顾客的责任或者所寄物品本身的原因造成快件损失的。

第二，由于不可抗力的原因造成损失的（保价快件除外）。

第三，顾客自交寄快件之日起满一年未查询又未提出赔偿要求的。

7. 索赔程序

（1）索赔申告。寄件人在超出快递服务组织承诺的服务时限、并且不超出快件受理索赔期限内，可以依据索赔因素向快递服务组织提出索赔申告。快递服务组织应提供索赔申告单给寄件人，寄件人填写后递交给快递服务组织。

（2）索赔受理。快递服务组织应在收到寄件人的索赔申告单 24 小时内答复寄件人，并告知寄件人索赔处理时限。

（3）赔金支付。快递服务组织与寄件人就赔偿数额达成一致后，应在 7 个日历天内向寄件人或寄件人指定的受益人支付赔金。

（4）索赔争议的解决。寄件人与快递服务组织就是否赔偿、赔偿金额或赔金支付等问题可先行协商，协商不一致的，可依法选择投诉、申诉、仲裁、起诉等方式，如选择仲裁，应在指定时间到达仲裁地点。

第二节　后续处理

→能按照海关清关要求整理进出口货物报关单等所需文件

→能处理优先快件和保价快件

一、进出境快件报关单证制作

1. 报关单证概述

（1）进出境快件的类别

1）文件类。文件类进出境快件是指法律、法规规定予以免税且无商业价值的文件、单证、票据及资料。

2）个人物品类。个人物品类进出境快件是指海关法规规定自用、合理数量范围内的进出境的旅客分离运输行李物品、亲友间相互馈赠物品和其他个人物品。

3）货物类。货物类进出境快件是指文件类进出境快件和个人物品类进出境快件以外的快件。

（2）进出境快件的申报。根据 2006 年 5 月 1 日开始实施的修订后的《中华人民共和国海关对进出境快件监管办法》（海关总署令第 147 号公布）的规定，除另有规定外，运营人办理进出境快件报关手续时，应当按照进出境快件的分类分别向海关提交有关报关单证并办理相应的报关、纳税手续，见表 1—4。

表 1—4　　进出境快件的报关单证

<table>
<tr><th colspan="2">快件类型</th><th>入境</th><th>出境</th></tr>
<tr><td colspan="2">文件类</td><td>KJ1</td><td>KJ1</td></tr>
<tr><td colspan="2">个人物品类</td><td>进出境快件个人物品报关单</td><td>进出境快件个人物品报关单</td></tr>
<tr><td rowspan="3">货物类</td><td>免税（税额≤50 元）</td><td>KJ2</td><td>KJ2（应税、需出口收汇、需出口退税的除外）</td></tr>
<tr><td>应税</td><td>KJ3（除需进口付汇的以外）</td><td rowspan="2">按出口货物相应程序办理</td></tr>
<tr><td>其他</td><td>按进口货物相应程序办理</td></tr>
</table>

注：文件类需要提交的单证为：KJ1＋总运单（副本）＋海关需要的其他单证。其中 KJ1 见表 1—5。

1）文件类进出境快件的申报。运营人应当向海关提交中华人民共和国海关进出境快件 KJ1 报关单、总运单（副本）和海关需要的其他单证。

2）个人物品类进出境快件的申报。运营人应当向海关提交中华人民共和国海关进出境快件个人物品申报单、每一进出境快件的分运单、进境快件收件人或出境快件发件人身份证影印件和海关需要的其他单证。

3）货物类进境快件的申报。货物类进境快件报关比较复杂，运营人应当根据不同的情形分别向海关提交报关单证：对关税税额在《中华人民共和国进出口关税条例》（国务院令第 329 号，2003 年 11 月 23 日公布）规定的关税起征数额以下的货物和海关规定准予免税的货样、广告品，应提交中华人民共和国海关进出境快件 KJ2 报关单、每一进境快件的分运单、发票和海关需要的其他单证。

4）货物类出境快件的申报。货物类出境快件的申报，也需要运营人根据不同的情形分别向海关提交报关单证：对货样、广告品（法律、法规规定实行许可证件管理的，需出口收汇的、出口退税的除外），应提交中华人民共和国海关进出境快件 KJ2 报关单、每一出境快件的分运单、发票和海关需要的其他单证；对除货样、广告品以外的其他货物，包括法律、法规规定实行许可证件管理的、需出口收汇、出口退税的货样、广告品，按照海关对出口货物通关的规定办理。

（3）个人物品类需要提交的单证。个人物品报关单、每一进出境快件分运单、入境快件收件人或出境快件发件人身份证件影印件和海关需要的其他单证，其中个人物品报关单见表 1—6。

（4）货物类需要提交的单证。KJ2/KJ3、每一进出境快件分运单、发票和海关需要的其他单证，其中 KJ2、KJ3 见表 1—7、表 1—8。

表 1—5　　中华人民共和国海关进出境快件 KJ1 报关单

报关单编号：________

运营人名称：________进/出口岸：________运输工具航次：________进/出口日期：________
总运单号码：________

序号	分运单号码	名称	件数	重量（千克）	收/发件人名称	验放代码

本运营人保证：________年________月________日向________海关申报的上述货物为《中华人民共和国海关对进出境快件监管办法》中的文件类范围内的货物，并就申报的真实性和合法性向你关负法律责任。

（运营人报关专用章）
报关员：________
申报日期：________

以下由海关填写

海关签章：________经办关员：________日期：________查验关员：________

日期：________

表 1—6　　中华人民共和国海关进出境快件个人物品申报单

报关单编号：________

运营人名称：________进/出口岸：________运输工具航次：________进/出口日期：________
总运单号码：________

序号	分运单号码	物品名称	价值（人民币）	件数	税率	税额	收/发件人姓名	国别/地区	证件号码	验放代码

本运营人保证：________年________月________日向________海关申报的上述物品为《中华人民共和国海关对进出境快件监管办法》中的个人物品类范围内的物品，并就申报的真实性和合法性向你关负法律责任。

（运营人报关专用章）
报关员：________
申报日期：________

以下由海关填写

海关签章：________经办关员：________日期：________查验关员：________

日期：________

单元 1

表 1—7　　中华人民共和国海关进出境快件 KJ2 报关单

报关单编号：________

运营人名称：________进/出口岸：________运输工具航次：________进/出口日期：________
总运单号码：________

序号	分运单号码	货物名称	价值（人民币）	重量（千克）	件数	收/发件人名称	验放代码

本运营人保证：________年________月________日向________海关申报的上述货物为《中华人民共和国海关对进出境快件监管办法》中的关税税额在关税起征数额以下的进境货物和海关规定准予免税的进境货样、广告品或出境货样、广告品，并就申报的真实性和合法性向你关负法律责任。

（运营人报关专用章）
报关员：________
申报日期：________

以下由海关填写

海关签章：________经办关员：________日期：________查验关员：________

日期：________

表 1—8　　中华人民共和国海关进出境快件 KJ3 报关单

报关单编号：________

运营人名称：________进/出口岸：________运输工具航次：________进/出口日期：________
总运单号码：________

序号	分运单号码	经营单位	货物名称	价值（人民币）	重量（千克）	件数	商品编号（HS）	关税税率	关税税额	增值税税率	增值税税额	消费税税率	消费税税额	收/发件人名称	验放代码

本运营人保证：________年________月________日向________海关申报的上述货物为《中华人民共和国海关对进出境快件监管办法》中应予征税的进境货样、广告品，并就申报的真实性和合法性向你关负法律责任。

（运营人报关专用章）
报关员：________
申报日期：________

以下由海关填写

海关签章：________经办关员：________日期：________查验关员：________

日期：________

2. 报关单证的制作流程

快件的报关和查验应当在运营人所在地海关办公时间和专门监管场所内进行。如需在海关办公时间以外或专门监管场所以外进行，需事先征得海关同意，并向海关无偿提供必需的办公场所及必备的设施。进境的快件，应当在运输工具申报入境后 24 小时内向海关办理报关手续；出境的快件，应当在运输工具离境前 4 小时向海关办理报关手续。

（1）进境

第一步：快件运抵快件监管中心前，运营人通过 EDI 方式向海关申报电子报文，应申报该批快件以下数据项，包括总运单号、进口日期、航班号、申报公司、快递公司、收件人、品名、数量、重量、价值、性质。

第二步：快件运抵快件监管中心，且经海关审核电子报文无误、符合有关规定的，海关通过电子数据交换系统向运营人发送放行指令。

（2）出境

第一步：运营人填制 KJ1 报关单，持总运单、每份快件的分运单及其他海关所需单证向海关申报。

第二步：经海关审核无误并符合有关规定的，海关在总运单上加盖放行章。

二、保价快件处理原则

保价是指托运人向承运人声明其托运货物的实际价值。凡按保价运输的货物，托运人除缴纳运输费用外，还要按照规定缴纳一定的保价费。在保价运输中，货物全部遗失的，按货物保价声明价格赔偿；货物部分毁损或灭失的，按实际损失赔偿；货物实际损失高于声明价格的，按声明价格赔偿；货物能修复的，按修理费加维修取送费赔偿。

1. 归责原则

所谓归责原则是指确定致害人损失赔偿责任的一般准则。它是在损害事实已经发生的情况下，为确定致害人对自己的行为所造成的损害是否需要承担民事赔偿责任的一种原则。

《中华人民共和国民用航空法》（1996 年 3 月 1 日起实施）第 125 条第 1 款规定："因发生在民用航空器上或者在旅客上、下民用航空器过程中的事件，造成旅客随身携带物品毁灭、遗失或者损坏的，承运人应当承担责任。因发生在航空运输期间的事件，造成旅客的托运行李毁灭、遗失或者损坏的，承运人应当承担责任。"该条第 4 款还规定："因发生在航空运输期间的事件，造成货物毁灭、遗失或者损坏的，承运人应当承担责任。"2005 年 7 月在我国生效的《统一国际航空运输某些责任的国际公约》第 17 条、第 18 条也有类似规定。由此可见，保价运输中承运人赔偿的归责原则采用的是无过错责任原则。无过错责任原则是指，在法律特别规定的情况下，以已经发生的损害结果为价值判断标准，由与该损害结果有因果关系的行为人，不问其有无过错，都要承担损害赔偿的归责原则。在航空保价运输中，旅客或托运人无须举证证明承运人的主观过错，只需证明损失是在航空运输期间内由承运人的行为造成的，即可在最高声明价值限额内获得赔偿。

2. 免责事由

在保价运输中，承运人承担无过错责任，并不意味着承运人对任何情况下造成的任何损失都要赔偿。承运人如果能够证明免责事由的存在，承运人就无须承担责任；而法定免责事由因为行李运输和货物运输而有所区别。

在快件运输中，承运人的免责事由主要包括：

(1) 货物本身的自然属性、质量或者缺陷。

(2) 承运人或者其受雇人、代理人以外的人包装货物的，货物包装不良。

(3) 战争或者武装冲突。

(4) 政府有关部门实施的与货物入境、出境或者过境有关的行为。

3. 声明价值赔偿适用的例外

在一般航空运输中，如果损失是由于承运人的故意不良行为造成的，那么承运人不能利用法律、公约的有关规定来免除或者限制自己的责任，承运人必须对货物行李的损失进行全额赔偿。也就是说，在这种情形下，承运人不得援引责任限额制度。在一般航空运输中，责任限额制度只适用于承运人的疏忽或一般过失所造成的损害赔偿。

4. 保价运输的赔偿金额

保价运输的货物发生损失时，按照实际损失赔偿，但是最高不超过保价金额（声明价值）。也就是说，若实际损失低于保价金额，按实际损失进行赔偿；若实际损失高于保价金额，按保价金额进行赔偿。根据规定，国内货物运输每张货运单的声明价值一般不超过50万元，国际货物运输每张货运单的声明价值由承运人确定。

第  单元

快件派送

快件派送是快递服务中非常重要的一个环节，它不但需要保证时间上的快速性、成本的最小化，更需要保证快件的完整性以及客户信息的准确性，因此要求必须有一个系统的流程，要求相关部门和人员密切配合。本单元将为大家介绍快件的派遣准备、快件的派送服务和快件派送后续处理。

第一节　派送业务常见英文翻译

→ 能识别简单英文人名
→ 能进行简单的中英文地址互译

一、常见英文人名的翻译

1. 常见英文人名

（1）男子名

Andy	安迪	Bill	比尔
Charles	查理斯	David	大卫
Gary	加里	George	乔治
Henry	亨利	Jack	杰克
Jim	吉姆	John	约翰
Jones	琼斯	Louis	路易斯
Mike	麦克	Nick	尼克
Peter	彼得	Richard	理查德
Robert	罗伯特	Roberts	罗伯茨
Roger	罗杰	Rogers	罗杰斯
Taylor	泰勒	Tom	汤姆
Tony	托尼		

（2）女子名

Ann	安	Betty	贝蒂
Eliza	伊莱扎	Elizabeth	伊丽莎白
Helen	海伦	Iris	爱丽丝
Jane	简	Jenny	詹妮
Jessie	杰西	Jill	吉尔
Lucy	露西	Liza	莉莎
Mary	玛丽	Maria	玛丽亚
Taylor	泰勒	Susan	苏珊

单元 2

2. 常用国家名英汉对照

Japan	日本	Germany	德国
France	法国	Canada	加拿大
Australia	澳大利亚	Singapore	新加坡
America/U. S. A	美国	Great Britain	英国
Switzerland	瑞士	Italy	意大利

3. 常用城市名英汉对照

Chicago	芝加哥	Los Angeles	洛杉矶
New York	纽约	Moscow	莫斯科
Ottawa	渥太华	Paris	巴黎
Rome	罗马	Sydney	悉尼
Tokyo	东京	Washington D. C.	华盛顿
Madrid	马德里	Bangkok	曼谷
Brussels	布鲁塞尔	Berlin	柏林
Ankara	安卡拉	Canberra	堪培拉
Cairo	开罗		

4. 常用港口名英汉对照

Amsterdam	阿姆斯特丹（荷兰首都，港口城市）	Antwerp	安特卫普（位于比利时北部，港口城市）
Auckland	奥克兰（新西兰港口城市）	Bombay	孟买（位于印度中西部，港口城市）
Barcelona	巴塞罗纳（位于西班牙东北部，港口城市）	Hongkong	香港
Vancouver	温哥华（加拿大港口城市）	Plymouth	普利茅斯（英国港口城市）
Alexandria	亚历山大（埃及港口城市）		

二、常见英文地址的翻译

中文地址的排列顺序是由大到小，如：×国×省×市×区×路×号；而英文地址则刚好相反，是由小到大。如上例写成英文就是：×号，×路，×区，×市，×省，×国。掌握了这个原则，翻译起来就容易多了。

×室	Room×	×号	No. ×
×单元	Unit×	×号楼	Building No. ×
×街	×Street	×路	×Road
×区	×District	×县	×County
×镇	×Town	×市	×City
×省	×Province		

请注意：翻译人名、路名、街道名等，最好用拼音。

1. 中文地址翻译

（1）宝山区四方新村37号403室

Room 403，No. 37，Sifang Residential Quarter，BaoShan District

（2）虹口区西康南路125弄34号201室

Room 201，No. 34，Lane 125，Xikang Road（South），HongKou District

（3）473004 河南省南阳市中州路42号　李有财

Li Youcai

Room 42 Zhongzhou Road，Nanyang City Henan Prov. China 473004

（4）434000 湖北省荆州市红苑大酒店　李有财

Li Youcai

Hongyuan Hotel Jingzhou City Hubei Prov. China 434000

（5）473000 河南南阳市八一路272号特钢公司　李有财

Li Youcai

Special Steel Corp.，No. 272，Bayi Road，Nanyang City Henan Prov. China 473000

（6）528400 广东中山市东区亨达花园7栋702　李有财

Li Youcai

Room 702，7th Building Hengda Garden，East District，Zhongshan City Guangdong Prov. China 528400

（7）361004 厦门公交总公司承诺办　李有财

Mr. Li Youcai

Cheng Nuo Ban，Xiamen GongJiaoZongGongSi，Fujian，China 361004

（8）266042 山东省青岛市开平路53号国棉四厂二宿舍1号楼2单元204户甲　李有财

Mr. LiYoucai

Room 204 A，Unit 2，Building 1，The 2nd Dormitory of the No. 4 State－owned Textile Factory，No. 53 Kaiping Road，Qingdao，Shandong，China 266042

2. 名片英语地址英译

（1）地址综述。名片的主要功能是联络，所以在名片上写上详细的家庭或单位通信地址是必不可少的。

如下例，住址：浙江省台州市黄岩区天长路18号201室，翻译成英文为：Address：Room 201，18 Tianchang Road，Huangyan District，Taizhou City，Zhejiang Province。对照上例，翻译时有几点需要注意：中文地址的排列顺序是由大到小，而英文地址则刚好相反，是由小到大：号（No.）、路（Road）、区（District）、市（City）、省（Province）、国（State）。

地名专名部分（如“黄岩区”的“黄岩”部分）应使用汉语拼音，且需连写，如Huangyan不宜写成Huang Yan。各地址单元间要加逗号隔开。

以上给出了地点翻译的书写规则。完整的地址由行政区划＋街区名＋楼房号三部分组成。

(2) 行政区划英译。行政区划是地址中最高一级单位，我国幅员辽阔，行政区划较复杂，总体上可分成五级（括号内所注为当前国内通用译名）：

1）国家（state）：中华人民共和国（The People's Republic of China；P. R. China；P. R. C；China）

2）省级（provincial level）：省（province）、自治区（autonomous region）、直辖市（municipality directly under the central government，简称 municipality）、特别行政区（special administration region，SAR）。

3）地级（prefectural level）：地区（prefecture）、自治州（autonomous prefecture）、市（municipality；city）、盟（prefecture）。

4）县级（county level）：县（county）、自治县（autonomous county）、市（city）、市辖区（district），旗（county）。

5）乡级（township level）：乡（township）、民族乡（ethnic township）、镇（town）、街道（sub—district）。

单元
2

第二节 派送路线设计方法

→ 了解合理派送的特点

→ 了解合理配送线路的方法

→ 能用节约里程法分析具体问题

一、运输合理化的定义及要素

1. 不合理运输的概念

不合理运输是指在各运输方式间或在同一运输方式线路上，发生相同或可替代的对流或相向运输、重复运输以及过远运输、迂回运输，违反各种运输合理分工原则，而造成不必要的货物周转或装卸工作量，浪费运力，增加运输费用的运输。

2. 合理运输的五个要素

合理运输的五个要素是运输距离、运输环节、运输工具、运输时间、运输费用。

以上五个要素既相互联系又互相影响，有时甚至是矛盾的。这就要求运输部门进行综合比较分析，选择最佳运输方案。在通常情况下，运输时间短、运输费用低是考虑合理运输的两个主要因素，它集中体现了运输的经济效益。

组织合理运输的措施主要包括合理选择运输方式、合理选择运输工具、正确选择运输配送路线、提高货物包装质量并改进配送中的包装方法、提高车辆的装载技术。

二、配送线路的优化方法

为将货物送到客户手中，需要从一个或多个配送中心组织配送运输。一般来说，存在一个连接一个或多个配送中心和一个或多个配送目的地的道路交通网，如何在这张道路交通网上综合考虑各线路车流量、道路状况、客户的分布状况、配送中心的选址、车辆额定载重量以及其他车辆运行限制等因素，找出一条最佳的运输线路解决方案，达到节省运行距离、运输时间和运行费用的目的，这就是配送线路优化要解决的问题。

1. 一对一配送的最短路线

一对一配送的最短路线指的是在由一个供应点到一个客户的配送运输模式中，要求选择最短的配送路线，实现高效率的配送，达到快速、经济配送的经营目的。

Dijkstra 在 1959 年提出了按路径长度的递增次序，逐步产生最短路径的 Dijkstra 算法。该算法可以用于求解任意指定两点之间的最短路径，也可以用于求解指定点到其余所有节点之间的最短路径。

该算法的基本思路是：一个连通网络 $G=(V, E)$ 中，$V=(v_1, v_2, \cdots, v_n)$，节点 $E=(e_1, e_2, \cdots, e_n)$，求解从节点 v_0 到 v_n 的最短路径时，首先求出从 v_0 出发的一条最短路径，再参照它求出一条次短的路径，依次类推，直到求出从顶点 v_0 到顶点 v_n 的最短路径为止，即顶点 v_n 被加入到路径中。而求解从 v_n 到其他所有节点的最短路径，则同样先求得从 v_0 出发的一条最短路径，再参照它求出一条次短的路径，依次类推，直到求出从顶点 v_0 出发的所有最短路径为止。

单元 2

2. 一对多配送路线的优化

一对多配送是指由一个供应配送点往多个客户货物接收点的配送。这种配送运输模式要求，同一条线路上所有客户的需求量总和不大于一辆车的额定载重量。其基本思路是：由一辆车装载所有客户的货物，沿一条优选的线路，依次逐一将货物送到各个客户的货物接收点，既保证为客户按时送货又节约里程，节省运输费用。

在这里我们采用比较简单和实用的节约里程法。

(1) 节约里程法的基本思想。如图 2—1 所示，假设 P 为配送中心，A 和 B 为客户接货点，各点相互的道路距离分别用 a、b、c 表示。比较两种运输路线方案：一是派两辆车分别为客户往 A、B 点送货，总的运输里程为 $2(a+b)$；一是将 A、B 两地的货物装在同一辆车上，采用巡回配送方式，总的运输里程为 $a+b+c$。若不考虑道路特殊情况等因素的影响，第二种方式与第一种方式之差为 $2(a+b)-(a+b+c)$，按照三角原理，可以看出，第二种方式比第一种要节约 $a+b-c$ 的里程数，节约里程法就是按照以上原理对配送网络的运输路线优化计算的。

(2) 节约里程法需考虑的因素和注意事项

1) 适用于顾客需求稳定的配送中心。

2) 各配送路线的负荷要尽量均衡。

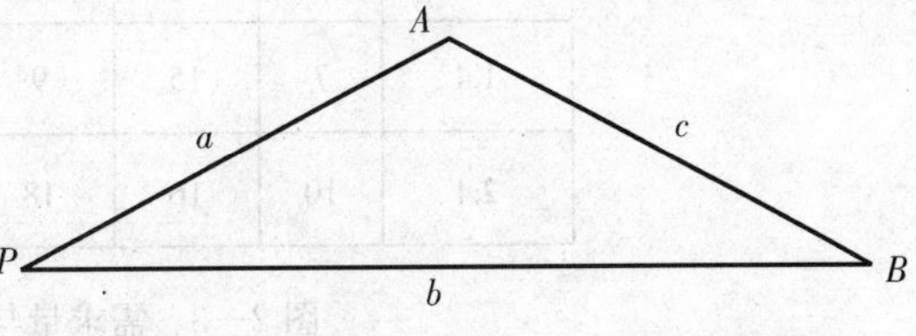

图 2—1　节约里程法的基本思想示意图

3）要充分考虑道路运输状况。

4）要预测需求的变化以及发展趋势。

5）考虑交通的状况。

6）利用计算机软件求解优化。

（3）节约里程法实例。如图 2—2 所示，已知配送中心 P_0 向 5 个用户配送货物，其配送路线网络、配送中心与用户的距离以及用户之间的距离如图 2—3 所示。图中括号内的数字表示客户的需求量（单位：吨），线路上的数字表示两节点之间的距离，配送中心有 3 台 2 吨卡车和 2 台 4 吨卡车两种车辆可供使用。要解决两个问题：

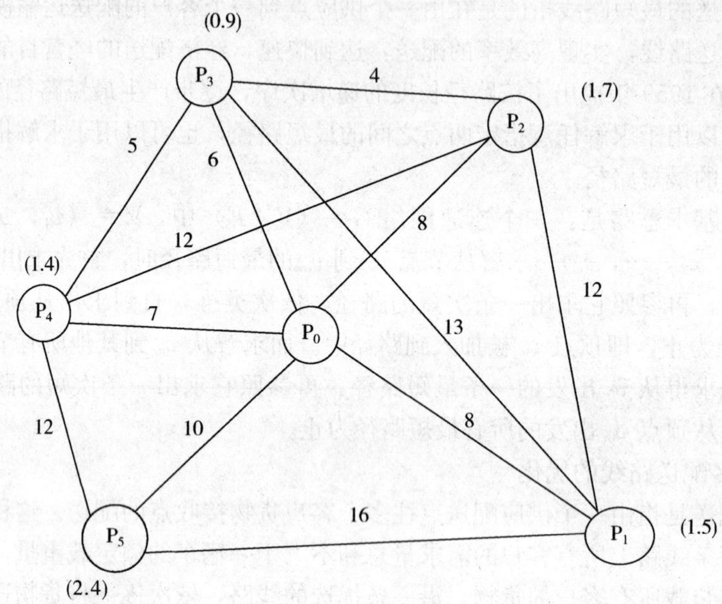

图 2—2　配送网络

需求量	P_0					
1.5	8	P_1				
1.7	8	12	P_2			
0.9	6	13	4	P_3		
1.4	7	15	9	5	P_4	
2.4	10	16	18	16	12	P_5

图 2—3　需求量与节点间距离

第一：利用节约里程法制订最优的配送方案。

第二：设卡车行驶的速度平均为 40 千米/小时，试比较优化后的方案比单独向各用户分送可节约多少时间？

第一步：制作运输里程表，列出配送中心到用户及用户间的最短距离，如图 2—4 所示。

需要量	P_0					
1.5	8	P_1				
1.7	8	(4) 12	P_2			
0.9	6	(1) 13	(10) 4	P_3		
1.4	7	(0) 15	(6) 9	(8) 5	P_4	
2.4	10	(2) 16	(0) 18	(0) 16	(5) 12	P_5

图 2—4　最短路程

第二步：由运输里程表按节约里程公式，求得相应的节约里程数。

第三步：将节约里程进行分类，按从大到小顺序排列，见表 2—1。

表 2—1　　**节约量**

序号	路线	节约里程（千米）	序号	路线	节约里程（千米）
1	P_2P_3	10	6	P_1P_5	2
2	P_3P_4	8	7	P_1P_3	1
3	P_2P_4	6	8	P_2P_5	0
4	P_4P_5	5	9	P_3P_5	0
5	P_1P_2	4	10	P_1P_4	0

第四步：确定单独送货的配送线路，如图 2—5 所示。

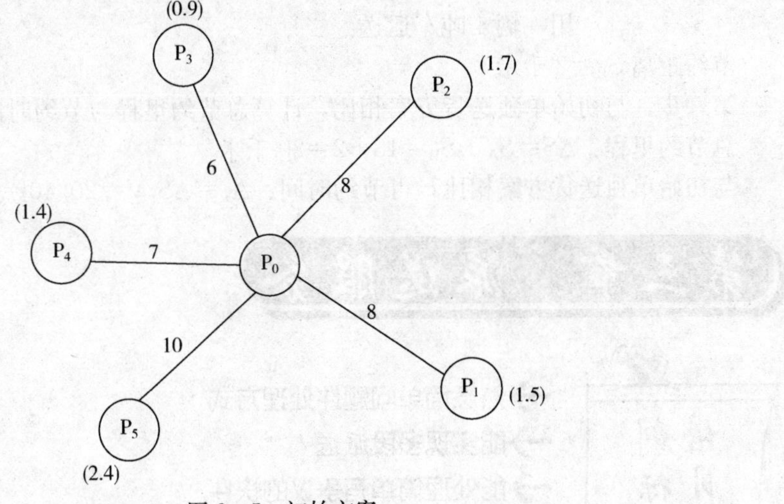

图 2—5　初始方案

得初始方案配送距离＝39×2＝78 千米

第五步：根据载重量约束与节约里程大小，将各客户点连接起来，形成 A、B 二条配送路线，如图 2—6 所示。

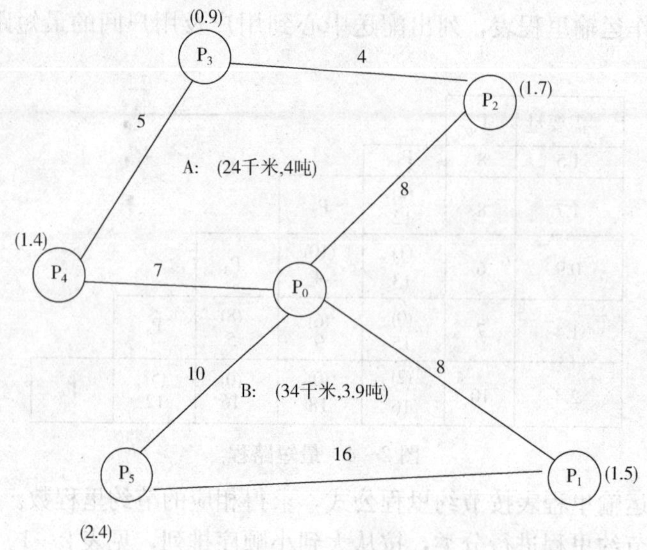

图 2—6　优化方案

配送线路 A：$P_0-P_2-P_3-P_4-P_0$

运量 $q_A=q_2+q_3+q_4$

$=1.7+0.9+1.4$

$=4$ 吨

用一辆 4 吨车运送

节约距离 $S_A=10+8=18$ 千米

配送线路 B：$P_0-P_5-P_1-P_0$

运量 $q_B=q_5+q_1=2.4+1.5=3.9$ 吨<4 吨

用一辆 4 吨车运送

节约距离 $S_B=2$ 千米

第六步：与初始单独送货方案相比，计算总节约里程与节约时间。

总节约里程：$\Delta S=S_A+S_B=18+2=20$ 千米

与初始单独送货方案相比，可节约时间：$\Delta_T=\Delta S/V=20/40=0.5$ 小时

第三节　派送服务

- 熟悉简单问题件处理方式
- 能实现多段派送
- 能处理简单有争议的快件

一、简单问题件处理

1. 滞留件的处理

(1) 定义。滞留件指无法派送的快件。

(2) 原因。滞留件产生的原因主要来自客户、快件、收派员、其他几方面。

1) 客户。客户原因主要包括：放假、出差、外出、下班、搬迁、拒付、公司无人、要求转寄、另约派送时间、要求退回原寄地、要求自取而未取。

2) 快件。快件原因主要包括：破损件、错分件、有单无件、件数缺失、地址不详、地址错误、电话错误。

3) 收派员。收派员原因主要包括：时间紧促来不及派送。

4) 其他。其他原因主要包括：改送、查无此人、地方偏僻、派送多次无人、双方拒付（快件作废）。

(3) 登记。填写问题原因时，应依据《内部服务手册》中的滞留件代码填写。

(4) 处理办法

1) 交其他人签收，在运单空白处注明代收人与收件人关系；回公司后，要电话确认并做登记。

2) 若无人签收，填写派送通知单，交给门卫或放在显眼位置；回公司后，通知客服部，另外安排。

3) 客户拒收或拒付时，如果客户要求改为寄付，在寄方客户同意前，快件必须带回，不得交给客户。

4) 特急件和错分件应优先派送。

2. 未成功派送件的处理

(1) 收件人名址不详的快件，应尽快找出派送线索，争取当天成功派送。

(2) 上门无人收取的派送件，必须完整填写留言卡，确保客户可看到。

(3) 再次安排派送后，如仍然无法派送，则转为 UNDEL 件（无法成功派送的快件），做升级查询。

(4) 按照 SMMS 规定，用扫描枪正确记录原因。（注：SMMS 为货物移动管理系统，快件在移动的过程中，每个环节都有对应的检查点，网络内使用统一的标准代码来解释快件的动态，以提高快件的透明度。）

(5) 填写派送延误单，写明原因，尽量提供查询信息。

(6) 派送延误单贴在快件正面，并经主管签字确认。

(7) 填好退件交接单后，方可转为 UNDEL 件，并做好快件安全交接。

二、多个派送段的派送服务

在实际工作中经常遇到派送单双向的问题，可以采用针对物流信息平台中的订单派送，研究订单派送的单向性和路径最优特性，构建路径选择模型，对费用最少和时间最短的双目标优化函数进行分析，将基本蚁群算法进行改进。通过对局部信息进行处理，从而影响整个网络选择，使得路径选择全局最优，解决基本算法在求解最短路径中计算时间长的问题。

1. 合理路线和时刻表的制订原则

行车路线和时刻表的制订问题是运输路径问题的扩展形式。其中更接近实际的限制条件包括：在每个站点都要取一定量的货；使用多部车辆，每部车的载重量和容积不同；司机的总驾驶时间达到一定上限时，就必须休息至少 8 小时（运输部门的安全限制）；每个站每天只允许在特定的时间内取货和（或）送货（称为时间窗口）；途中只有在送货后才能取货；允许驾驶员每天在特定的时间休息和用餐。

这些限制条件增加了问题的复杂性，但是，运用制订合理路线和时刻表的原则或启发式求解方法仍然可以得到该类问题比较好的解。我们要讨论的路线和时刻表是针对有多辆卡车从仓库出发，送货到若干个站点，然后当天返回仓库的这种情况。

运用八条原则，决策者（如车辆调度员）可以制订出合理行车路线和时刻表。这八条原则简述如下：

（1）安排车辆负责相互距离最接近的站点的货物运输。卡车的行车路线围绕相互靠近的站点群进行计划，以使站点之间的行车时间最短。图 2—7a 所示的是安排车辆装运时应避免的划分方式，图 2—7b 所示的是比较合理的划分方式。

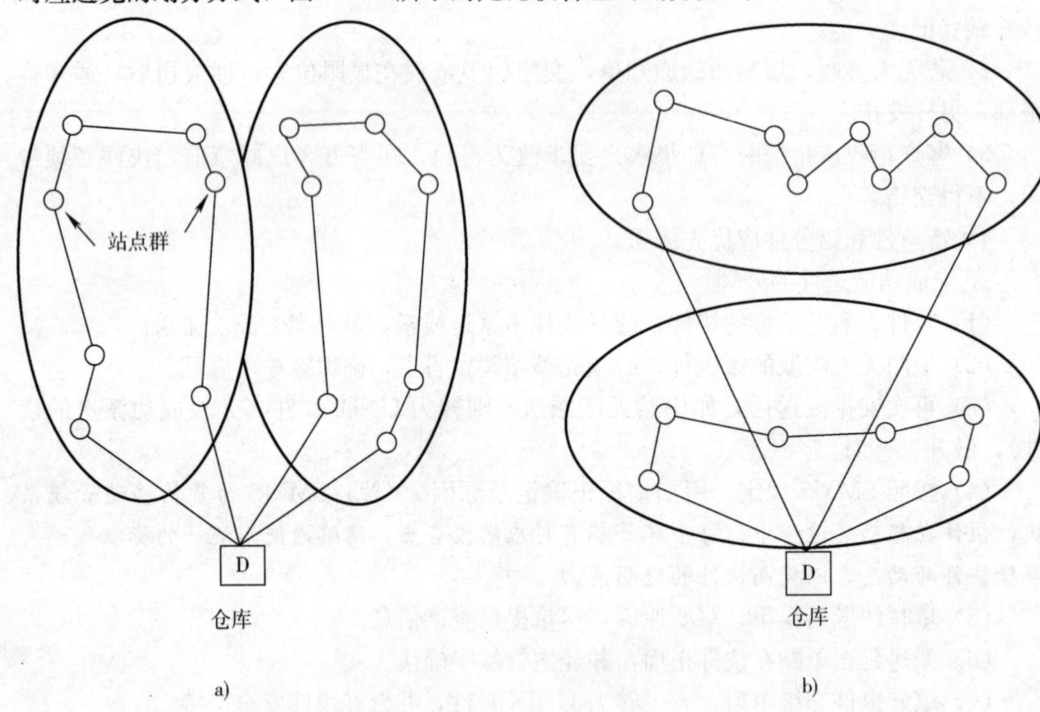

图 2—7　合理安排方式图示

a）不合理的划分方式　b）较合理的划分方式

（2）安排车辆各途经的站点时，应注意使站点群更加紧凑。如果一周内每天服务的站点不同，就应该对一周内每天的路线和时刻表分别进行站点群划分。每天站点群的划分应避免重叠，这样可以使为所有站点提供服务所需的车辆数降至最低，同时使一周内卡车运行的时间和距离最短。图 2—8 列举了不合理和较合理的划分方式的例子。

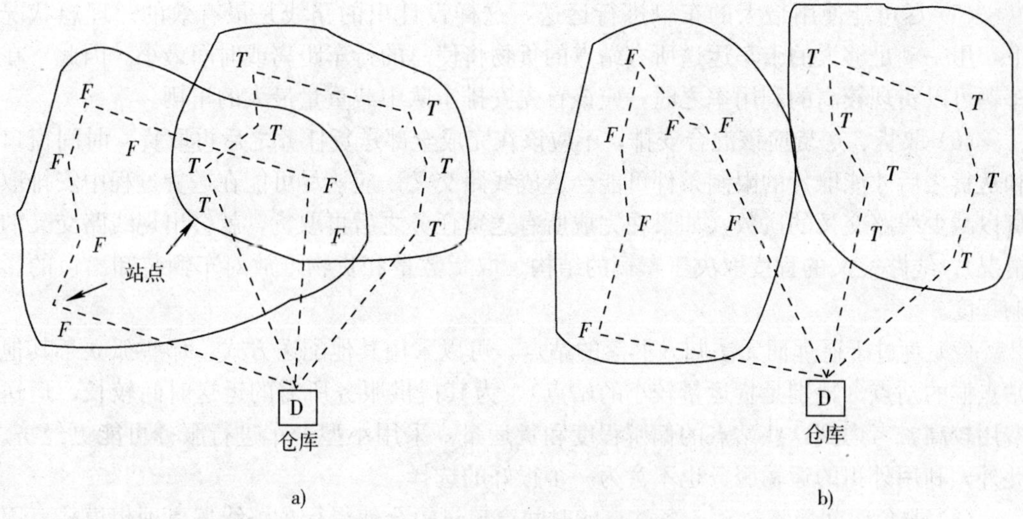

图 2—8　合理安排方式比较图

a）不合理的线路交叉划分方式　b）较合理的线路交叉划分方式

（3）从离仓库最远的站点开始设计路线。要设计出有效的路线，首先要划分出距仓库最远的站点周围的站点群，然后逐步找出仓库附近的站点群。一旦确定了最远的站点，就可以选定距该核心站点最近的一些站点形成站点群，分派载货能力能满足该站点群需要的卡车。然后，从还没有分派车辆的其他站点中找出距仓库最远的站点，分派其他车辆。如此往复，直到所有的站点都分派有车辆。

（4）卡车的行车路线应呈水滴状。安排行车路线时各条线路之间应该没有交叉，且呈水滴状，如图 2—9b 所示。

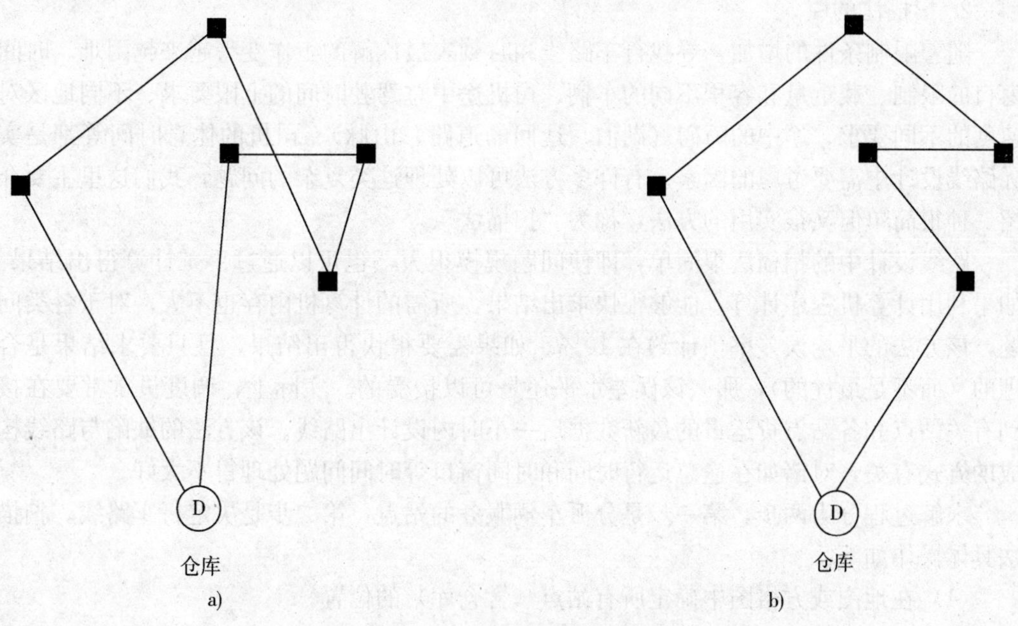

图 2—9　线路规划比较图

a）不合理的路线规划——线路交叉　b）合理的路线规划——线路不交叉

（5）尽可能使用最大的车辆进行运送，这样设计出的路线是最有效的。理想状况下，用一辆足够大的卡车运送所有站点的货物将使总的行车距离或时间最小。因此，在车辆可以实现较高的利用率之时，应该首先安排车队中载重量最大的车辆。

（6）取货、送货应该混合安排，不应该在完成全部送货任务之后再取货。时间窗口和送货之后才能取货的限制条件可能会造成线路交叉。应该尽可能在送货过程中安排取货以减少线路交叉的次数（如果在完成所有送货任务之后再取货，就会出现线路交叉的情况）。线路交叉的程度取决于车辆的结构、取货数量和货物堆放对车辆装卸出口的影响程度。

（7）对过于遥远而无法归入群落的站点，可以采用其他配送方式。那些孤立于其他站点群的站点（特别是货运量较小的站点），为其提供服务所需的运送时间较长，运送费用较高。考虑到这些站点的偏僻程度和货运量，采用小型卡车进行服务可能更经济。此外，利用外租的运输服务也不啻为一个很好的选择。

（8）避免时间窗口过短。各站点的时间窗口过短会使得行车路线偏离理想模式。因为时间窗口的限制常常不是绝对的，所以如果某个站点或某些站点的时间窗口限制导致整个路线偏离期望的模式，就应该重新协议时间窗口的限制，最好放宽该限制。

这些原则操作人员很容易掌握，这样，他们可以在现实中的路线和时刻表制订问题中找到比较合理（尽管不一定是最优）的解决办法。

这些原则只是提供了合理路线设计的准则，但操作人员还是要处理一些在这些原则中没有考虑到、而车辆运作中可能出现的限制或例外情况（紧急订单、绕行等）。采用这些方法设计的路线和时刻表比采用其他未经仔细推敲的方法制订的计划有实质性改进。

2. 扫描法的引入

随着限制条件的增加，寻找行车路线和时刻表最优解的工作变得越来越困难。时间窗口的限制、载重量和容积不同的车辆、司机途中总驾驶时间的上限要求、不同地区对速度的不同要求、途中的障碍（湖泊、迂回的道路、山脉）、司机的休息时间等都是实际路线设计中需要考虑的因素。有许多方法可以处理这类复杂的问题，我们这里主要介绍一种很简单但又很实用的方法，称为“扫描法”。

路线设计中的扫描法很简单，即使问题规模很大，也可以通过手工计算得出结果。如果利用计算机程序计算，能够很快求出结果，所需的计算机内存也不大。对于各类问题，该方法的平均误差率预计约在 10%。如果需要很快得出结果，且只要求结果是合理的（而不是最优的），那么该误差水平还是可以接受的。实际上，调度员常常要在接到有关站点和各站点货运量的最新数据后一小时内设计出路线。该方法的缺陷与路线构成的方式有关，对诸如在途总运行时间和时间窗口等时间问题处理得不太好。

求解过程分为两步，第一步是分派车辆服务的站点，第二步是决定行车路线。扫描法具体操作如下：

（1）在地图或方格图中确定所有站点（含仓库）的位置。

（2）自仓库始沿任一方向向外画一条直线，沿顺时针或逆时针方向旋转该直线直到与某站点相交。考虑：如果在某线路上增加该站点，是否会超过车辆的载货能力？如果没有，继续旋转直线，直到与下一个站点相交。再次计算累计货运量是否超过车辆的运载能力（先使用最大的车辆）。如果超过，就剔除最后的那个站点，并确定路线。随后，从不包含在上一条路线中的站点开始，继续旋转直线以寻找新路线。继续该过程直到所有的站点都被安排到路线中。

（3）排定各路线上每个站点的顺序使行车距离最短。

第四节　快件派送的后续工作

一、争议件的处理

根据中国消费者协会给出的2009年快递类送货不及时的投诉情况分析，总体上出现争议件的主要情况还是快件延误和快件丢失。

1. 快递对不可抗力所造成的物品运送延误、遗失、毁灭或没收不负责任。例如，对于战争、暴乱、恶劣天气、航班延误、坠机、台风、火灾、水灾、重大交通事故及自然或人为的严重灾害及无法控制的各种情况，或由于发运人的原因造成的没收均不负任何责任。

2. 远程快递对由于以下原因造成的物品运送延误、运送错误及损失不负任何责任。

（1）由于发运人的原因，如地址填写错误、不全、字迹潦草无法确认和电话号码错误等，收件人地址变更或位于无法送达的地域等。

（2）由于发运人所委托的物品本身违反了国家有关政策、法令，是被明令禁止的，如易燃、易爆、易污染、易腐蚀、有毒的各类粉剂、水剂及其他危险品。

（3）由发运人未经声明及包装不当所引起的各种损失。

3. 若出现以下情况，如随件单（投递局存联）脱落、水湿，造成联系地址、联系电话不清晰，应与快递公司发货地作业中心联系解决，如通过与当事人电话联系，能够补救的，应予补救，不得任意退回。经补救，确属无法投递的快件，应将邮件详情单的收件人名址划销，在邮件详情单上粘贴“改退批条”，并注明无法投递的原因。批条上存在适合原因的，在相关原因前打钩，批条上没有适合原因的，应另行填写，并加盖经手人员与主管人员的名章。邮件退回原投递分部后，由原投递分部通知寄件人到局领取，如无法退回寄件人，满一个月保管期后，按无着邮件处理。

4. 如果出现快件的丢失或延误，应对寄件人进行赔偿。遗失赔偿限额如下：

（1）对一般物品（未经保价）均按每件最高人民币200元赔偿（各快递公司略有不同）。

（2）对保价的物品按实际保价金额赔偿。

（3）最高保价限额为5万元人民币（各快递公司略有不同）。

（4）特殊物品（不包含其商业价值），若国家有规定的按国家规定的赔偿；国家没有规定的，按物品的实际价值赔偿。

5. 索赔

（1）任何索赔必须在交寄后30天内（以本单所填日期为准），由发运人提出，并以书面形式通知承运人，同时必须出具详情单第三联原始副本及支付费用收据。索赔的要求只有在运费已支付的情况下方可被接受。

（2）发运人在提出索赔的同时，有义务继续承担并偿付承运人的运费，发运人无权从中扣除申请赔偿的款项。

二、到货派收

派收具体操作过程分为接货和收货。

1. 接货

（1）接收。接货员接到货物后立即送回公司，交文员。

（2）开箱。文员和接货员在现场当面打开包装箱，按清单核查，在没有什么异常时，文员保留清单。

（3）安排

1）派送。由快递员带上两联单去送货，在用户签收后把回执交给文员，文员在收回执时看有无邮费到付（代收货款），如果是到付或者代收货款应该一并收回现金。快递员在清单上的送货员栏目里签字确认，也是月底提成的依据。

2）转运。对转运的货物应尽快安排，转运必须按照新收货物的流程运作。

（4）回访。文员对快递员的送货情况进行回访。回访内容如下：

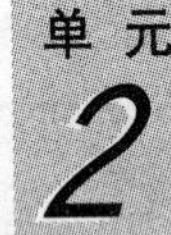

1）货物是否安全送到。

2）快递员的服务态度。

3）用户对服务有无意见。

2. 收货

（1）收取。接用户通知或者快递员主动上门收货，封箱，称重量，开工作单。

1）尽快把货物送回工作点。

2）若不能送货物回工作点时，一定要保证货物的安全。

（2）验收。文员查看收回来的货物，包装是否完好，是否坚实，是否需要加包装。

（3）登记。快递员在交回货物时交回两联单，文员在白联上面签字。签字时看是否为现收款，如果是现收款应该收回。白联由快递员自己保留，做月底计算提成用。

（4）装箱。文员对各快递员收回来的货物进行登记，装箱，封箱（封箱标由文员自己签写），再由送货员送到要发的地点去发。

（5）发货。发货运输合同由承运人签字，发货员确认，及时用短信通知收货人，第2天上班将运输合同交给文员，文员付钱给发货员，文员保留运输合同作为付出凭证。

（6）计算机输入。由文员进行全部操作。

三、派送信息复核

派送信息复核在整个派送中起到的作用也是巨大的，对于快递行业，快递派送的复核也决定了其企业的信誉等。

1. 信息准时录入

（1）运单录入。根据业务员开具或带回的单据进行系统录入，并针对单据中填写不完整的信息及时沟通，并记录在案。每日整理不合乎规则的订单反馈给上级主管，以便业务操作人员不断完善单据开具环节。

(2) 其他环节信息录入

1) 根据调度反馈的装车信息及发运信息，录入调度信息。

2) 根据客服反馈的在途跟踪信息进行录入（有时由客服人员自己完成）。

3) 根据到货情况录入节点信息（或客服录入）。

4) 根据收货情况录入收货及签收信息（或客服录入）。

确认回单返回情况（或客服，或特定的单据管理人员确认）。

(3) 根据其他分部或上级的指示，导出数据，并做出简单的汇总分析。

(4) 信息录入要求

1) 准确。快件信息录入必须准确，不能出现丝毫差错，必须保证信息的正确性。

2) 及时。快件信息录入必须及时，快递员必须在派送后一定的时间内将快件信息录入公司系统。

3) 完整。快件信息录入要完整，不能出现残缺信息或无法识别的信息。

2. 票据传输复核流程（见图 2—10）

(1) 配送—门店。配送中心下传配送单到门店，门店接收数据以后，进入票据复核对配送单进行复核。

(2) 门店—配送。门店做的验收单、退货单、报损单、报溢单、退库单、盘点单、商品成本调整单、专柜成本对账单都需要上传配送中心，配送中心不需要票据复核，只是在结算时进行记账；门店做的分店变价单、特价折扣单上传配送中心以后，需要经过票据复核，在分店价格查询中显示分店最新的商品价格。

(3) 配送—配送。只发生调拨单与调配单传输，调拨单在收货地复核，调配单只允许在总部复核。

(4) 门店—门店。只发生调拨单传输，数据必须通过总部进行传输，在收货地复核票据。

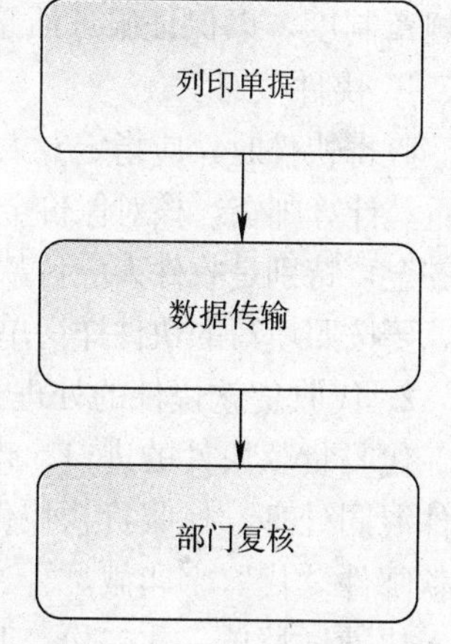

图 2—10 票据传输复核流程

以上需要复核的票据在未复核前都不生效。

3. 复核制度的构建和完善

复核工作流程如图 2—11 所示。

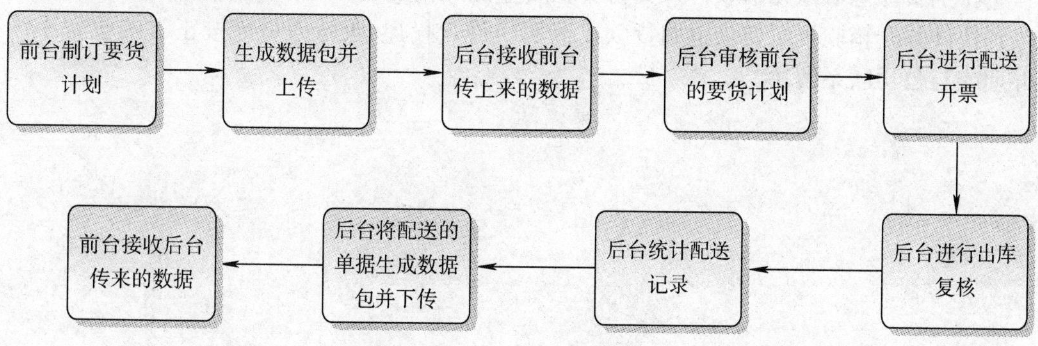

图 2—11 复核流程

单元 2

4. 对客户的满意度进行调查

快递公司应与顾客及时沟通，对客户的满意度进行调查，了解快递过程中客户提出的问题，以便业务员以后更好地完成业务流程，提高服务水平，从而提高销售额。

（1）基本原则。快递公司应对顾客满意程度及顾客投诉进行统计和分析，提高服务水平，达到不断改进服务质量的目的。

（2）顾客满意度。快递公司应测量顾客满意程度，发现顾客的潜在需求，改进服务质量。快递公司应收集顾客反馈信息，收集的方法主要包括：向顾客发放问卷调查表，直接与顾客沟通，收集各种媒体的报道，消费者权益保护组织反映的情况。

顾客满意的评价程序应包括：汇总顾客满意的信息，利用适当的统计技术进行分析处理，确定顾客的满意程度，找出提供的服务与顾客期望的差距并制订改进措施。

四、到付、代收货款处理

在处理到付、代收货款快件过程中，无论是收寄还是内部处理环节都应严格遵守有关规章制度，以保证服务质量和货款的安全。

1. 快件核对

收寄快件时，应指定专人或专门班组按时上门揽收，要当面会同工作人员对快件进行称重，计算邮资，核对保价金额并登记备案。验视封装规格，检查快件详情单项目填写是否齐全，特别是收件人应付款额（不得涂改 ）和收件人联系电话，要字迹清晰。交接快件时，要按照填写的快件详情单与快件进行认真核对，然后和工作人员共同签字。

2. 代收货款快件的处理

代收货款快件的进口、出口、转口等各环节均应单独处理、单封总包，不得与其他快件混同处理。代收货款快件封发清单和代收货款快件总包袋牌空白处须加盖黑色代收货款邮件“代”字印戳。

快件详情单一式二份，其中一份交给投递/收款人员，另一份留底。投递/收款人员在投递代收货款邮件时，应按详情单标注的收件人应付款额收取现金或支票（支票须确认到账后 ，再发出快件），核对货款无误后，请收件人在详情单“收件人签名”栏内签名并注明收到时间；投递/收款人员在详情单“投递员签章”栏内签名，以证明货款已收，然后再将快件交给收件人。

特别要注意必须先请收件人交付货款后才能开箱验视内件。快件投出后，若收件人收到快件并开箱验视后要求退回货款或退回快件，投递/收款人员应按正常的收寄手续办理或与公司联系解决。

第3单元

客户服务

在激烈的快递服务竞争中，客户服务对提高企业竞争力起着至关重要的作用。对于企业而言，优质的客户服务不仅能留住老客户，还能吸引新客户，极大地提高客户满意度。本章通过讲述快递员业务推介方法、与客户有效沟通技巧等内容来提高客户服务水平，实现优质的客户服务。

第一节 业务推介

培训目标

→能根据客户类型推介个性化服务产品
→能调查客户需求变化的信息
→掌握客户分类方法和沟通技巧

一、快递业务的主要服务形式

1. 门/桌到门/桌

门/桌到门/桌的服务形式是快递公司最常用的一种服务形式。首先由发件人在需要时用电话通知快递公司，快递公司接到通知后派人上门取件，然后将所有收到的快件集中到一起，根据其目的地分拣、整理、制单、报关、发往世界各地。快件到达目的地后，再由当地的分公司办理清关、提货手续，并送至收件人手中。在这期间，客户可依靠快递公司的计算机网络随时对快件（主要指包裹）的进程进行查询。快件送达之后，也可以及时通过计算机网络将消息反馈给发件人。

2. 门/桌到机场

门/桌到机场的服务指快件到达目的地机场后不是由快递公司去办理清关、提货手续并送达收件人的手中，而是由快递公司通知收件人自己去办理相关手续。采用这种快递方式的，多是海关有特殊规定的货物或物品。

3. 专人派送

所谓专人派送是指由快递公司指派专人携带快件，在最短时间内将快件直接送到收件人手中。

以上三种服务形式相比，门/桌到机场形式对客户来讲比较麻烦，专人派送最可靠、最安全，但是费用也最高；而门/桌到门/桌的服务介于上述两者之间，适合绝大多数快件的运送。

二、客户分类方法

1. 客户的内涵

服务的价值完全取决于客户的需要。为了清楚地了解客户的需求，必须先了解客户、认识客户。客户是企业的利润之源，是企业的发展动力，很多企业将“客户是我们的衣食父母”作为企业客户管理的理念。在西方的论著中，“顾客（customer）”和“客户（client）”是两个不同的概念。尽管顾客与客户都是购买和消费企业产品的人或组织，但两者最大的区别在于顾客只是“没有名字的一张脸”，顾客可以由任何人或机构来提供服务；客户则主要由专门的人员来提供服务，而且客户的资料很详尽地掌握在企业的信息库之中。从这个意义上讲，客户与供应商之间的关系比一般意义上的顾客更为亲近和密切。在客户管理营销时代，一个非常重要的管理理念就是要将顾客视为“客户”，而不再是“一张没有名字的脸”。

2. 客户类别

如何对客户进行合理的分类并不是一件容易的事情，从不同的角度出发可以有多种多样的客户划分方法，但不管怎样划分客户类型，目的只有一个，那就是明确企业的客户范围和客户之间的差别，然后针对不同的客户采取不同的服务策略。以下介绍几种常见的和较为合理的分类方法。

（1）从市场营销的角度分类

1）经济型客户。这类客户希望投入较少的时间和金钱得到最大的价值。因此，他们往往只关心价格，可能这次在邮局邮寄物品，因为它便宜，而下一次就会在物流公司邮寄包裹，因为物流公司更便宜，他们是“便宜”的忠诚客户。由于他们只想花钱最少，所以为他们服务的利润比其他客户相对会比较低，但是因为他们是客户，企业对他们的服务一点都不能少。

2）道德型客户。这类客户觉得在道义上有义务光顾社会责任感强的企业，对那些具有良好声誉的企业情有独钟。

3）个性化客户。这类客户需要人际间的满足感，诸如认可和交谈，比如得到公司或企业的认同和尊重。

4）方便型客户。这类客户对反复比较后再选择服务商不感兴趣，方便是吸引他们的重要因素。方便型客户常常愿意为个性化的服务额外付费。例如，有上门取货并帮助其办理相关邮寄业务流程的快递公司常常吸引他们。

（2）从管理的角度分类（见表 3—1）

表 3—1　　客户层次分类表　　%

客户类型	比重	档次	利润贡献率	目的性
头顶客户（关键客户）	5	高	80	财务利益
潜力客户（合适客户）	15	中	15	客户价值
常规客户（一般客户）	80	低	5	客户满意度
临时客户（一次性客户）	—	低	—	客户满意度

1）头顶客户。头顶客户又称关键客户。他们除了希望从企业那里获得直接的服务外，还希望从企业那里得到社会利益，如成为客户俱乐部的成员等，从而体现一定的精神满足。他们是企业比较稳定的客户，虽然人数不占多数，但对企业的贡献却高达80%左右。

2）潜力客户。潜力客户又称合适客户。他们希望从与企业的关系中增加价值，从而获得附加的财务利益和社会利益。这类客户通常会与企业建立起一种伙伴关系或者“战略联盟”，他们是企业与客户关系的核心，是客户中的关键部分。

3）常规客户。常规客户又称为一般客户。企业主要通过让渡财务利益从而增加客户的满意度，而客户也更倾向于从企业那里获得直接好处，获得满意的客户价值。他们是经济型客户，消费具有随机性，讲究实惠，看重价格优惠。这类客户是企业与客户关系的最主要部分，可以直接决定企业短期的现实收益。

4）临时客户。临时客户又称一次性客户，这些客户可能一年中也就邮寄一两次物品，不能为企业带来大量收入。实际上，如果仅考虑到将他们列入客户记录所花的管理费等因素时，甚至会觉得他们在花企业的钱。但如果企业的服务让他们满意，临时客户也可能向其他三种客户转化。

（3）按客户的性质分类

1）政府机构及非营利机构。主要指各级政府、学校、医院等事业单位和各种非营利的组织等。

2）特殊公司。如与本企业有特殊业务关系的企业、供应商等。

3）普通公司。

4）交易伙伴及客户个人。

（4）根据客户的分布分类

1）外部客户。外部客户是指本企业之外的组织或个人。在一般情况下，客户满意就是指外部客户满意。客户满意的管理战略，其立足点也是针对外部客户的。

2）内部客户。在一个组织中，人与人之间、部门与部门之间、程序与程序之间往往会形成一种供方与客户的关系。提供服务者就是供方，接受服务者就是客户。不要以为内部客户就不是客户。对于企业管理体系来说，只有一个环节连一个环节，一个过程接一个过程，这样紧密相连不出问题，才能使其有效地运转，提高服务质量，从而使外部客户满意。

三、客户沟通

沟通是人际交往最重要的一种方式，它无处不在，无时不有，客户的想法、意见、需求和企业服务理念、服务特色等的传递都离不开沟通。客户服务中，没有沟通就不可能有高质量的服务，沟通可以实现企业与客户之间的良好互动，沟通是发展和维持服务业的桥梁。研究表明，企业越来越认识到沟通在客户服务中的价值，也要求客服人员具备有效的沟通能力。

1. 与客户沟通的基本方式

（1）口头沟通。最常用的信息传递方式是口头沟通。口头沟通是用其他人能够理解的语言进行交谈。口头沟通与书面沟通一样，是广泛使用的沟通方式。企业的经营管理人员在经营活动中要经常与不同的对象进行沟通，包括上级、下级、同级、经销商、合作伙伴、消费者、媒体等，要采取不同的方式进行沟通，比如电话沟通、面对面沟通、讨论沟通、会议沟通、谈判沟通、面试沟通、演讲沟通等。从某种程度来说，一个善于沟通的管理者便是一个成功的管理者。

口头沟通的优点在于快速传递信息。在这种方式下，信息可以在最短时间内进行传送，并在最短时间内得到对方的回复。如果接受者对信息不确定，迅速的反馈可以使发送者及时核查其中不够明确的地方，及早更正错误。简言之，口头沟通形式具有直接、方便、清楚、易于交流的优势，它能使沟通者与被沟通者之间的交流与沟通不受任何外界的影响。而且，当信息交流发生障碍时，沟通双方能够及时消除障碍。口头沟通的语言运用至关重要，准确的语言表达可以帮助双方清晰和直截了当地说明想要表达的内容、传递思想和情感。正确的语言理解使沟通成为可能，增进沟通双方的关系。

（2）书面沟通。书面沟通是以书面形式进行沟通，传达信息。

1）书面沟通的优势。书面沟通能有效地增进与客户的交流。书面沟通有自身的优点：它能使沟通更加真实，沟通者可以有组织地、谨慎地按照正式渠道传递信息；它能提供一个正式的、永久的、可以随时查询的记录，尤其是在交易过程中更为重要；它还能使沟通者在一个彼此都不太紧张的情况下较方便地进行沟通；它可以传递复杂的或大量的数据，包括财务报表和其他材料；它还可以表达用口头语言无法表达的感情，包括感激、敬佩、喜欢、爱好等。由于书面沟通对写作技能的要求较高，因此沟通者不仅要学会和掌握基本的写作技巧，还要在每次写作之前做好充分的准备，以达到预期的沟通效果。

2）书面沟通的主要形式。在企业内部，管理者发布信息、提出要求、做出决定、制订规章制度，通常都会使用书面形式。主要形式包括员工手册、工作说明、便函、报告、海报、布告牌、电子公告栏和便条等。在企业外部，发出通知、说服对方、询问信息、表示祝愿、进行联络等也会使用书面沟通形式。最常用的有商务信函、建议书、电子邮件、报告、传真、合同、广告、产品目录和新闻发布会等。

（3）网络沟通。如今，客户沟通正朝着电子化方向发展，并且这种趋势发展迅速。这种通过计算机向客户或世界上任何一个地方极其快速地传送文件材料的方式，不仅改变着传统的沟通方式，而且改变着工作环境本身。电子沟通的主要形式是网络沟通，它正在成为一种重要的不可缺少的沟通方式。网络沟通是指企业通过基于信息技术（IT）的计算机网络来实现企业内部的沟通和企业与外部信息交流的活动。网络沟通不同于传统沟通，最主要的特点就是凭借着全新的媒介工具——计算机网络，进行企业的内外部沟通。对企业来说，计算机网络已拓展至包括 Internet、Intranet 或 Extranet 的全方位的网络沟通。所以，广义的网络沟通指那些网络沟通与传统沟通并行，或者网络沟通占主导地位的企业管理沟通体系。

网络沟通的主要形式有：

1）电子邮件。电子邮件作为一种独特的交流沟通工具，有许多优势，可以帮助人们实现各种形式的交流沟通。

2）网络电话。世界上任何一部普通电话机都可以通过互联网呼叫本地或异地的普通电话机。比较传统长途电话而言，网络电话的最大优势是价廉，它使通信成本大大降低。

3）网络传真。网络传真是通过互联网使传真发送到对方的普通传真机上或电子邮箱中，其优点在于可以选择任何时间、任何地点发送。网络传真有计算机—传真机、传真机—传真机这两种形式可供选择。计算机中的文档，不需要先打印出来就可以直接传送；对方发送的传真件也可以直接进入自己的计算机，根据文件的特征和重要性，再决定是否打印。总之，网络传真在功能上比传统传真更强，在价格上更便宜，在时间上更自由。

4）网络新闻。基于内部网络的新闻发布，可以满足内部员工对公司经营信息的需求，在这一点上，公司可以借助内部网络新闻发布系统出版电子刊物，从而替代传统的内部刊物。基于外部网的新闻发布，可以满足公司合作伙伴以及主要顾客对公司经营信息的需求。基于互联网的新闻发布，可以满足所有一般意义上的外部顾客对公司经营信息的需求，向公众传达企业的经营理念、树立企业形象。

（4）图表、视听、影像沟通。图表、视听、影像沟通又可称为视觉支持。与书面和口头沟通组合使用的视觉支持可以通过多种方式创造强有力的沟通效果，包括图表、视听画面在内的视觉数据能够使信息清晰化，更具吸引力，在人们的头脑中保留更长的时间。尤其是在传递复杂难懂的信息时，运用视觉支持能取得更佳的效果。

（5）非语言沟通。非语言沟通包括语音和语调、面部表情、姿态和眼神的交流。通过非语言沟通流露的信息可能会与其他沟通方式表达的信息完全相反。

客户服务人员必须不断完善自己的沟通技巧，在不同的环境中，选择使用不同的沟通方式。

2. 与客户沟通的技巧

（1）倾听的技巧。真正的聆听者能敏锐地察觉语言背后的真正含义，他们是使用肢体语言的专家，能从客户的肢体语言中看出客户的心理。具体技巧如下：

1）既要听事实又要听情感。倾听的基础是听清楚别人讲什么。倾听有两个方面的内容——事实和情感。这是两个不同的层面。

① 听事实。对方说了哪些话；他讲的意思是什么。只要有诚意，认真听、听清楚，就可以很容易地做到这一点。

② 听情感。这是更重要的层面。要能听清楚别人在诉说这些事实的时候，他的感受是什么，需不需要给予回应。在与客户沟通的时候，应运用倾听的技巧，通过面部表情、肢体语言给予回应，这些都是对于客户的一种情感关注。而在表示这种关注之前，首先在听别人说话的时候，要能够分辨出他所说的哪些是情感的内容，哪些是事实的部分。

2）永远不要有意打断客户。恐怕没有一个人从未打断过别人的谈话，只不过有时是无意的，有时是有意的。比如很多人都遇到过这样的情况：和朋友一起吃饭，有两个人甚至三个人，同时跟你说话。这个时候你会觉得很尴尬，不知道眼睛应该向谁看，总怕没照顾到的人以为自己不尊重他。结果左看一眼，右看一眼，无法完整地倾听，也就经常打断某个人的话。这是无意的打断。

在客户服务中也会经常遇到服务人员打断客户谈话的情况。比如，服务人员以为客户说完了，就开始发表自己的观点，突然发现客户原来还没说完，马上说："对不起，您先讲。"这也是无意打断。

一般人能够接受无意的打断，但是有意识的打断是绝对不允许的。"你先别说，你先听我说!"这样与客户说话是非常不礼貌的。当你有意识地打断一个人说话以后，你会发现，你就好像挑起了一场战争，你的对手会以同样的方式来回应你，甚至会把两个人的谈话变成吵架。

随意打断客户谈话会打击客户说话的热情和积极性，如果客户当时的情绪不佳，而你又打断了他的谈话，那无疑是火上浇油。所以，当客户的谈话热情高涨时，客服人员可以给予必要的、简单的回应，如噢、对、是吗、好的等。除此之外，最好不要随意插话或接话，更不要不顾客户喜好另起话题。提升倾听能力的技巧中，最主要的一个技巧就是要学会什么时候应该说话，什么时候应该保持沉默。

3）适时发问，帮助客户理清头绪。客户说话时，原则上不要去打断，但根据情况及时发问，比一味点头更有效。谈话时，客户可能欠思考，说得没有头绪，不知所云。例如有个客户就某个问题说三点理由，结果在第一点上就没完没了，忘了后面的第二、第三点，这时适时发问："您的第二点理由呢?"可以帮助客户理出头绪，言归正传。还有一种情形，当客户滔滔不绝，理论性过强，不易听懂时，适时请他"举例来说"，常能使对方模糊不清的问题得到清晰的解释。

4）清楚地听出对方的谈话重点。能清楚地听出对方的谈话重点，也是一种能力。并不是所有人都能清楚地表达自己的想法，特别是在不满时，因为受情绪的影响，经常会有类似于"语无伦次"的情况出现。而且，除了排除外界的干扰，专心地倾听以外，还要排除对方说话方式的干扰，不要只把注意力放在说话人的咬舌、口吃、地方口音、语法错误和嗯、啊等习惯语上面。如果清楚地听出了对方的谈话重点，也要让他明白这一点。

要注意使用的句子。以"让我们来看一看我是否理解了……"或者"我觉得我理解了……"作为开头比较好。也可以用自己的话重复一遍所听到的内容，表明已经理解了说话人的信息。

5）适时地表达自己的意见。谈话必须有来有往，在不打断对方谈话的原则下，适时地表达自己的意见，才是正确的谈话方式。通过及时地反馈信息，可以更好地理解对方的意思。否则，"误差"积累下来，就会越来越难以把握对方的思路。这样做还可以让对方感受到你在注意听，而且听明白了。此外，还有一个效果——可以避免走神或疲惫。客户在谈话过程中表达的某些观点可能有失偏颇，也可能不符合你的"口味"，但是要记住：客户永远都是上帝，他们很少愿意快递人员直接批评或反驳他们的观点。如果实在难以对客户的观点做出积极响应，那可以采取提问等方式改变客户谈话的重点，引导客户谈话而不随意打断客户谈话。

6）肯定对方的谈话价值。在谈话时，即使是一个小小的价值，如果能得到肯定，讲话者的内心也会很高兴，同时会对肯定他的人产生好感。因此，在谈话中，一定要用心去找对方谈话的价值，并给予积极的评价和赞美，这是获得对方好感的一大绝招。比如对方说"我们现在确实比较忙"，你可以回答："您在这样的领导位子上，肯定很辛苦。"

7）配合表情和恰当的肢体语言。当与人交谈时，对对方事情的关心与否往往直接反映在你的脸上，你无异于他的一面镜子。必须配合恰当的表情，用嘴、用手、用眼、用心灵去说话。例如：不断地点头表示你在倾听；看着说话的人，必要时进行眼神的交流。但不可过度卖弄，应避免过于丰富的面部表情、手舞足蹈、拍大腿、拍桌子等过分夸张的肢体语言。如果你在接听电话，你的表情也会通过声音传递过去，切忌表露出不耐烦或反对的情绪。

8）保持微笑。微笑是人际关系中最好的润滑剂，它表示了友善、亲切、礼貌及关怀，不但能使自己从内心产生快乐的情绪，鼓舞自己，而且能够改变气氛，缩短人与人之间的心理距离，创造出一种快乐的氛围。

9）避免虚假的反应。在对方没有表达完自己的意见和观点之前，不要做出例如“好！我知道了”“我明白了”“我清楚了”等反应。这样空洞的答复只会妨碍认真倾听客户的讲话，或者阻止客户进一步的解释。在客户看来，这种反应等于在说“行了，别再啰唆了”。如果恰好在他要表达关键意思前打断了他，被惹恼了的客户可能会大声斥责“你知道什么?”那就很不愉快了。即使你已经理解了说话人的意思，也不要帮他说出来。

(2）提问的技巧。一个快递人员的服务技能究竟怎么样，服务经验是否丰富，关键看他提问的质量。弗朗西斯·培根曾经说过:“谨慎的提问等于获得了一半的智慧。”虽然有效的提问对于同客户保持良性沟通具有诸多好处，但是如果在提问过程中不讲究方式，还会适得其反，引起客户的反感，从而造成与客户关系的恶化，甚至破裂。

提问时必须保持礼貌和谨慎。在与客户展开沟通的过程中，快递人员对客户进行提问时必须要保持礼貌，不要给客户留下不被尊重和不被关心的印象；同时，在提问之前必须谨慎思考，切忌漫无目的地信口开河。

一般来说，客户在说话时不喜欢被鲁莽地打断，也不喜欢听带有某种企图的客服人员在那里喋喋不休地说。当快递人员以征求客户意见的态度向他们提出友好而切中他们需求的提问时，他们会渐渐放松对快递人员的警惕和抵触心理。当然，如果快递人员提出的问题显得很愚蠢时，客户会更加恼怒。

《销售巨人》一书的作者尼尔·雷克汉姆曾经对提问与销售的关系进行过非常深入的研究，他认为，在与客户进行沟通的过程中，你问的问题越多，获得的有效信息就会越充分，最终销售成功的可能性就越大。

1）开放性问题提问。开放性问题是指不限制客户回答问题的答案，完全让客户根据自己的喜好，围绕谈话主题自由发挥。进行开放性提问既可以令客户感到自然并畅所欲言，又有助于快递人员根据客户谈话了解更有效的客户信息。而且，在客户感到不受约束时，他们通常会感到放松和愉快，这显然有助于双方的进一步沟通与合作。这种提问方式是为了了解一些事实。比如服务人员在被动服务的时候，要问的第一个问题都是“有什么我能够帮助您的吗”，这就是一个典型的开放式的问题。开放式的问题可以帮助了解客户的问题出在哪里。一般来讲，在服务一开始的时候，服务人员使用的都是开放式的提问。

2）封闭式问题提问。封闭式问题提问限定了客户的答案，客户只能在有限的答案中进行选择，比如“您是不是觉得和大公司合作比较可靠”“您今天有时间吗”“我能否留下产品的相关资料呢”等。对于这些问题，客户通常只能回答“是”“不是”“对”“错”“有”或者“没有”等简短的答案。封闭式问题的使用完全是为了帮助客户进行判断，如果一个快递人员能够正确、大量地使用封闭式的问题进行提问，说明他的职业素质非常高。但这种方式有不足之处，当大量使用时，会使客户感到被动，甚至还会产生被审问的感觉。

通常，在实际工作中，以开放式问题提问为主，封闭式问题提问为辅助。当提出一个开放式问题，比如“你哪里不舒服”时，有的时候客户可以说清楚，但有的时候可能说不清楚，甚至越说越乱。如果你在提问时仅仅使用开放式的提问的话，你就根本没有办法有效地缩短服务时间。因为对于开放式的问题，客户的回答往往也是开放式的，他会有很多话要说，可能会喋喋不休地说个没完。因此，这就需要使用提问封闭式问题的方式来辅助完成提问。

3. 掌握有效沟通的语言

语言是最容易动人心弦，也是最容易伤透人心的。快递人员的语言是否热情、礼貌、准确、得体，直接影响到对客户服务的质量，并影响客户对企业的印象。

（1）快递人员的话语特点。一个具备客户服务管理知识的快递人员的话语，应具备以下特点：

1）语言有逻辑性，层次清楚，表达明白。有效的口头表达是个人素质综合作用的结果。一个人的口头表达能力——发音的音调、音量、口音、语言的速度、停顿及语调的不同，都会影响沟通的效果。要想清晰地表达自己的想法，语言必须简洁，所讲的材料必须条理化，使用的词汇要准确，做到说话有逻辑和表达清晰。

2）突出重点和要点。谈话要突出重点和要点，以极少的语言传递大量的信息。因为每一个人的时间都是有价值的，没有人喜欢浪费时间。当然，简洁并不意味着只能使用短句子或省略重要的信息，而是指字字有力量，句句有内容。

3）真实、准确。在与客户沟通时，应当避免夸大其词，不要做虚假的宣传。

4）语言文明。不要侮辱、挖苦、讽刺客户，不要使用粗俗的语言，不要与客户发生争论。牢记“客户永远是对的”这句话。

5）话语因人而异。说话要因时间、地点、人物的不同而有所不同，做到“到什么山唱什么歌，见什么人说什么话”。

6）调整自己的音量和讲话速度。声音在沟通过程中起着不可忽视的作用，在与客户沟通时，要控制自己的声音，吐字清晰，音量适中。此外，还要注意讲话的速度。讲话的速度对发出的信息也会有影响。讲话速度太快会给对方一种紧迫感，有时是需要这种效果的。但如果一直快速讲话，会使对方转移注意力，并难以理解。反之，也不能讲得太慢，这会使听者不知所云，或者使听者厌倦而抓不住讲话的思路。好的讲话者会根据所说语句的相对重要性来变换速度，即不重要的话说得快，而重要的话语说得慢。

（2）快递人员的声音。快递人员的声音必须给人好感，才能达到预期的目的。声音可以说是快递人员表现自我的工具。

声音与情绪有很大的关系，俗语说“人逢喜事精神爽”，所以遇有喜事时，声音自然较为开朗；而不高兴时，声音就会变得沉重。

有些快递人员惯于用很小的声音来说话，使人听起来很吃力，如果再加上口齿不清，讲话含含糊糊的，便很容易使客户认为你对他没有信心，所以会对你所销售商品的价值和实用性产生怀疑。

尖而高的声音也很难听，虽然这种声音会给人一种清新、悦耳的感觉，但只能在谈话中间偶尔插上一两句，如果长时间用这种音调说话，便会给人单调而费劲的感觉，所以也应极力避免。

声音是交谈过程中传递信息最重要的载体。快递人员要想自信地表达自己的观点和信息，就必须在改善声音上“小题大做”。

1）音量适中。恰当地控制音量有助于突出讲话重点，在提到重要的信息时把声音提高几分可以引起客户的特别注意，在谈及特别重要的地方降低声音同样也能起到类似的效果。音量高低并没有固定的模式可以遵循，但是，在说话时一定要让自己的声音有起伏，有节奏感，这样的声音有助于突出说话重点。

2）发音要清晰。讲话时，不但音量适中、语调抑扬顿挫，还必须保证表达的清晰，使客户能够听清楚。

3）语调抑扬顿挫。语调最能体现一个人说话的个性。语调的抑扬顿挫同时反映出所说的话是否有趣。缺少了语气的抑扬顿挫，声音听起来可能会使人觉得乏味。

在与客户的对话中，语调变化也关系到态度是否真诚。态度真诚时，信息的接收效果会更好。

许多沟通者都在用言语向他人传递信息时遇到过困难。如果对方不断要求你重复说过的话、在你说完之前就打断你或者不认真地听，问题可能出现在你说话的声音上。声音的变化是指声音的分贝、停顿和音量的变化。一项研究表明，美国人认为令人不愉快的声音包括发牢骚、抱怨、唠叨、高分贝的尖叫、嘟囔声以及说话语速过快。在电话中，声音存在的问题还会被扩大。

(3）赞美的技巧。心理学和强化规律表明，赞美有不可思议的力量。赞美女性要多赞美细节和她身上的一些饰物，当然一定要真诚；赞美男性要多赞美他的事业和能力，因为男性很看重事业。到了客户的办公室，可以赞美他的办公室布置得有格调、有品位；可以赞美他办公室里比较独特的一些饰物，比如挂画、照片、所获的一些奖项等；也可以赞美他办公桌上的一些物品等。总之，要找到客户很在意、又很希望更多人重视的东西加以赞美。

(4）身体语言的运用。快递业务员最终能否实现与客户的沟通，一定程度上还取决于身体语言的灵活运用。威廉·莎士比亚说过：“沉默中有意义，手势中有语言。”不要错过口头交流之外的信息沟通。

美国一位心理学家提出这样一个公式：

一个人表达自己的全部意思＝7％的言辞＋38％的声音＋55％的表情

著名人类学家、现代非语言沟通研究员雷·伯德威斯特尔指出，在两个人的谈话或交流中，口头传递的信号实际上还不到全部表达意思的35％，其余65％的信号必须通过非语言信号的沟通来传递。

非语言又常常被人们称为“身体语言”“体态语言”或者“动作语言”“肢体语言”等。它是口头交流之外的又一种沟通方式。这种沟通需要借助表情、动作或体态等工具来进行，比如眼神的交流和手势传递的信息。有了身体语言的配合，整个沟通过程才显得更加充实和活跃。试想一下，当快递人员和客户都两眼无神、动作僵硬地坐在那里你一言我一语地搭话时，显得多么呆板和无聊。

在口头交流之外，沟通双方的身体语言交流也可以互相传递很多信息。比如，当一个人身体前倾、不住点头时，表明这个人对某种事物很感兴趣，或者对某人的观点表示支持和认同；又如，当一个人突然向上用力挥舞手臂时，这个人很可能是对某种观点或事物表示强烈不满。即使是在口头交流过程中，身体语言的信息传递功能也会同时发生。比如，当一个人说话时呼吸急促、说话速度比平时快、声音也比平时高时，常常表示这个人此时的心情比较激动，或者正在受某些问题的困扰；又如，当一个人说话时的眼神游移不定、不敢与他人对视时，那么这个人很可能不够自信，或者说的话不够真实。

按照不同的身体部位划分，身体语言可以分为表情语、手势语和肢体动作语三大类。

1）表情语。人们常常通过面部表情互相传递信息，像眼神动作和微笑、愤怒、悲伤等表情都可以起到传递信息的作用。眼神的动作和变化尤其能反映人们内心的思想和情绪等，因此快递人员一定要学会通过眼睛来观察客户的内心世界，同时也要学会利用眼神的交流向客户传递你的真诚和关心等。

2）手势语。手势语主要是指通过手指、手掌、手臂所发出的各种动作向对方传达信息的一种交流方式。很多时候，人们还可以通过自己手部的特定动作向交流的另一方表达特定的意义，比如把手轻轻地搭在对方肩上或胳膊上表示亲密，伸开双臂拥抱表示喜欢或安慰对方等。

3）肢体动作语。肢体动作语包括人们在行走、站立和坐卧过程中的所有动作姿态。比如行走时的速度是快是慢，是蹦蹦跳跳还是一步一步向前挪动；又如站立时双臂是交叉于胸前还是放在背后，坐在椅子上时是双腿平放还是跷起二郎腿等。

虽然不同的人在不同情况下的肢体动作各有不同，而且同样的动作反映的信息也不尽相同。但是，通过认真观察和分析，还是可以发现一定规律的。了解这些规律，既有助于快递人员更准确地把握客户心理，也有助于快递人员有意识地运用肢体语言来引起客户的重视。比如介绍产品时，客户双手紧紧抱在胸前，通常表示他们对推销具有防范心理；聆听客户谈话时，身体前倾，双脚平放，会使客户感到被尊重。

第二节　客户数据的统计和汇总方法

- 能统计和整理客户需求信息
- 能制订客户回访计划

一、数据的统计调查

统计调查的原始数据可以通过组织多种形式的统计调查来获取。常用的统计调查方式有定期统计报表制度和普查、抽样调查、重点调查、典型调查等。

1. 定期统计报表制度

定期统计报表制度是一种按国家有关法规的规定，自上而下地布置统一的报表，然后自下而上地逐级上报汇总报表资料的调查方式。它要求按规定的报表格式、内容、规定的报送程序和报送时间报送数据资料，是一种严格的报告制度。定期统计报表是我国统计调查的一种重要的组织形式，与其他统计调查方式相比，它具有如下优点：

(1) 按国家法规，在规定范围内的各单位必须按要求填报报表，保证了数据资料的全面性和连续性。

(2) 由于从调查内容、表式到时间都是统一规定的，从而保证了资料的统一性和及时性。

(3) 根据规定，必须按原始记录填报报表，这有利于基层单位建立起原始记录，从而使数据资料的来源和准确性有可靠基础。

但这种调查方式也有其不足之处。

2. 常用调查方法

(1) 普查。普查是专门组织的一次性全面调查。调查的目的主要是搜集一些不能够或不适合采用定期统计报表方法的数据资料。普查的规模大，任务重，质量要求高，需要由政府动员、组织各方面的力量配合进行。普查的一个最主要的优点是它比任何其他调查方式所取得的资料更全面、更系统、更详尽。

(2) 抽样调查。抽样调查是一种非全面调查，它是在全部被调查的总体中随机抽取一部分单位组成样本进行观察，并根据从样本得到的数据来推算总体的数量特征。抽样推断的理论基础是概率论，它不仅可以估计出抽样推断误差的大小，而且可以通过一定方法控制这些误差，所以这是一种既节省人、财、物力，又具备一定可靠性的科学方法。与其他调查方式比较，抽样调查主要具有两个特点：一是按随机原则选样，这使它区别于其他非全面调查；二是调查目的是从数量上推算总体数量特征和数量表现，这使它可以起到全面调查的作用。

(3) 典型调查。典型调查是在调查对象中有意识地选出个别或少数有代表性的单位进行调查。典型调查的首要问题是如何挑选典型。一般来说，是根据调查目的，在对被调查对象进行分析研究的基础上，有意识地选择出来，这是它与抽样调查之间最根本的区别。典型调查的目的主要在于了解与统计数字有关的生动的具体情况。典型调查也可用于对总体数据进行推算。显然，典型调查的效果，在很大程度上取决于调查者的主观判断。如果调查者对情况熟悉，研究问题的态度又比较客观，便可以使典型调查取得较好效果，推算的总体数据比较准确。但如果对情况不熟悉或研究态度不客观，就不能取得可靠的数据资料，尤其是若用以推算总体，将出现较大偏差。

(4) 重点调查。重点调查也是非全面调查，它是在被调查总体中选出一部分重点单位进行调查。这些重点单位虽然只是总体中的一小部分，但它们在所调查的数量方面占有较大比重。重点调查的优点在于花较少的人力、物力和时间就可获得总体基本情况的资料，它可以用于不定期的一次性调查，也可以用于经常的连续性调查。一般说来，当调查目的只是了解发展趋势、水平或比例，而少数单位又具备所需数值时，便可采用重点调查法。

以上各种调查方式各有特点，应根据研究需要和实际条件灵活地结合应用。

(5) 问卷调查法。问卷调查法是以问卷形式提问，由被调查者自愿回答的一种搜集资料的方法，如运用得好，对了解客户将起到重要作用。问卷调查法的关键问题是问卷的设计。问卷必须精心设计，问题要提得简明、准确，否则会影响问卷的回收率和答案的质量。一般来说，在设计问卷时需要根据具体情况，确定问题的提问方式和调查的具体方法。有两种提问形式，一是选择法，即以让被调查者选择答案的方式提问，采用这种方法必须在各个问题项下列出问题的各种可能答案，以供被调查者选择。二是问答法，即只提问题，不提供可能答案。答案由被调查者根据自己的观点自由发挥。这两种提问法各有利弊。选择法填写方便，且便于问卷回收后资料的整理汇编，但必须注意所列答案应尽可能包括对问题的所有回答，并考虑各答案间应具有相互排斥性。若预计的答案考虑不全，或互相包容，被调查者将无法确定究竟该选哪一个，不是放弃就是随便勾画一项应付了事，必然影响所搜集资料的质量。问答法便于被调查者自由发表意见，搜集到的资料比较生动、具体，可以从中得到许多有益的启示，但填写较费事，当被调查者感到问题不好回答，或嫌麻烦不愿花费时间时，就可能造成问卷回收率、有效率低的后果。另外，由于每个被调查者回答的答案各不相同，五花八门，整理汇编工作将相当繁杂。

问卷调查的具体方法有采访法和自填法。采访法由调查员提问，被调查者回答，调查员再根据其回答填入问卷。由于调查员现场询问，就可避免因理解失误而引起的资料不实、因嫌麻烦等原因而造成的回收率低等问题，使得调查结果比较理想，但这必须在调查力量允许的情况下采用。

自填法是通过邮寄或其他方式把问卷送到被调查者手中，由被调查者自己填写，填好后寄回或通过其他方法收回。这种方法所费的时间较长且回收率较低。问题的表述必须准确、简洁，准确地表述问题才能保证每一个被调查者有同样的理解，因此一定要避免用词含糊和问话模棱两可。简明扼要的问卷能够引起被调查者的兴趣，既不耗费很多时间，又可以发表个人见解。

为此，在设计问卷时，就要详细考虑哪些数据才是真正需要的，避免将可有可无的问题列入，却疏漏了必要问题，要考虑问题的可行性。在确定了所需的理想数据之后，还要考虑根据需要所提出的问题是否都能得到真实的回答。因为有时被调查者会认为某个问题侵犯了个人隐私，因而不愿意提供真实答案；有时被调查者认为某些问题会伤害个人尊严，故而不愿说真话。处理这类问题，可通过不记名问卷形式，或提供保密保证及改变问题的用词、预期的办法。还有些问题，被调查者可能真的不知道准确答案而无法回答。至于这些根本得不到答案的问题，或根本不会得到真实回答的问题就不必提了，宗旨是要兼顾需要和可能，避免诱导性问题、有强烈暗示性答案的问题，容易诱导被调查者选择并非自己真实想法的答案。此外，还要注意问题排列的逻辑顺序等。问卷设计好之后，为了检查问卷设计得是否合理，可以在正式调查之前先进行小范围的试查，根据试查结果及时修改调整。

相关链接

常见的统计数据分析方法主要有以下六类：

1. 均值分析

均值分析过程计算指定变量的综合描述统计量，包括反映总体特征的分析和离散态势两部分。其中分析包括统计量均值、总和两项，离散态势包括统计量最小值、最大值、标准差、方差、极差和均值标准差六项。

2. 回归分析

考察变量之间的数量变化规律，确定自变量和因变量之间的数学关系式，建立回归方程，对回归方程进行各种统计检验，并能进行预测。

3. 频率分析

对数据按组进行归纳整理，形成变量取不同值的频数分析表，形成对数据的数量特征和观测量分布状况的总体认识。

4. 描述分析

对数据进行分组统计分析，得出应变量的聚集态势、离散态势、异常值的各指标、比例表、茎叶图、盒状图。

5. 相关分析

相关分析是对客观事物数量依存关系进行分析的一种方法，它主要刻画两类变量间线性相关的密切程度，两个变量 x、y 全是随机变量，且处于平等的地位。两变量之间的相关关系可以通过绘制散点图或计算相关系数来反映。相关分析包括二元变量相关分析和偏相关分析。

6. 方差分析

进行单变量方差分析，即检验两个及两个以上彼此独立的样本是否来自均值相同的总体。本过程要求分析变量为正态分布，否则应该选择卡方检验或多样本检验所包括的某些功能。

二、客户回访计划

1. 客户回访目的与意义

（1）树立良好的企业形象，利用老客户做好口碑宣传。

（2）了解客户需求，满足客户需求，为客户解决实际问题。

（3）通过回访客户，收集客户需求信息，传播公司良好的企业文化。

（4）拉近与新客户的距离，增强其对企业服务的信心，建立良好的合作基础。

（5）能发现对客户需求服务及专业水平上存在的不足，而且能做到及时改正和提高。

2. 客户回访制度

客户回访制度的目的是为了全面了解客户的服务需求和消费特点，提高客户对公司服务的满意度，为下一步工作打下坚实的基础，从而更好地提高公司信誉，传播公司客户服务理念。客户回访的过程包括以下几个方面内容：

（1）调取客户资料

1）客户服务专员根据公司客户资料库和客户回访的相关规定对所保存的客户信息进行分析。

2）客户服务专员根据客户资料确定要拜访的客户名单。

3）客户服务专员根据客户资料确定每个客户拜访的具体目的。

（2）客户拜访准备

1）制订回访计划。客户服务专员根据客户资料制订客户回访计划，内容包括客户回访的大概时间、回访目的、回访内容等。客户服务专员要根据公司业务情况结合客户特点选择适合的回访方式。

2）预设回访时间和地点。客户服务专员及时同客户联系，与客户预约回访的时间和地点。时间和地点的预约要充分考虑客户的时间安排，不打扰客户。

（3）准备回访资料。客户服务专员根据客户回访计划准备客户回访的相关资料，包括客户基本情况（姓名、职务、年龄等）、客户服务的相关记录和客户消费特点等。

（4）实施回访

1）客户服务专员要准时到达回访地点。

2）客户服务专员要热情、全面了解客户的需求和对服务的意见，并认真填写客户回访记录表。

3）回访结束后，客户服务专员要及时将回访的相关资料归还给公司，如果由于客观原因确实无法归还，应报客户服务主管批准。

（5）整理回访记录

1）客户服务专员在结束回访的第二天应根据回访过程和结果，根据客户回访记录表，填写客户回访报告表，主要对客户的回访过程和回访结果进行汇总和评价。

2）主管领导审阅。客户服务主管对客户服务专员的客户回访记录、客户回访报告表进行审查，并提出指导意见。

（6）资料保存和使用

1）客户服务部相关人员对客户回访记录表进行汇总，并经过分类后由专人负责保存。

2）相关市场开拓部参考客户回访的相关资料制订客户开发计划和客户销售策略。

（7）回访费用报销

1）客户服务专员把在客户回访过程中形成的报销凭证和单据进行汇总，经部门客户服务主管审核并签字后，到财务部报销。

2）回访费用的报销额度应控制在公司限定的范围内，超额部分自行负担。

3. 客户回访的具体流程

（1）确定回访对象

1）公司针对不同的客户，按照A、B、C分类原则，对客户进行分类管理。根据客户的经营状况、付款及时性、配合工作的程度，并以这些指标评价和审核公司客户属于哪个级别，最后确定回访客户对象。A类客户由部门经理进行跟踪回访，B类客户由部门主管进行跟踪回访，C类客户由部门职员进行跟踪回访。

2）对公司服务质量投诉比较多的客户、问题比较大的客户由部门经理进行回访。对公司服务质量投诉相对少的客户、问题较小的客户由部门主管或者职员进行回访。对对公司的发展和管理提出有建设性意见的客户以及对公司有强烈不满的重点客户进行回访。

3）各部门可以根据各自的情况，根据税务问题或者会计问题由专人负责，或划区域负责，责任到人，由负责人根据属于本区域内客户的实际情况安排回访的先后顺序，确定回访的对象。建议专人负责开展一对一、一对多的跟踪服务。

（2）明确回访客户内容

1）调查客户对公司服务的满意度。

2）了解客户真正的服务需求，收集相关信息。

3）解决客户在财务和税收上遇到的实际问题。

4）指导客户如何进行合理、合法的税收和财务筹划，做到低风险经营。

5）加强与客户的沟通，根据客户的意见和建议，不断改进以后的维护工作。

（3）回访的准备工作

1）了解和掌握将要回访客户的基本情况，对客户存在问题的相关知识要理解，有针对性地制订回访计划。

2）准备好与回访客户相关的资料，包括地址、电话、客户性格、兴趣爱好、经营情况等。切实地解决客户的问题，打消其顾虑，加强合作基础。

3）在回访前，应该主动与客户取得联系，征求同意，约定时间、地点再上门回访。

（4）回访时间的确定。回访客户的时间安排，应该根据不同形式的客户而定。

1）对那些投诉次数频繁、问题比较严重，且急需解决的客户，要抓紧时间安排回访，尽快与客户取得联系，说明问题的严重性，及时商量解决。

2）对那些问题比较少的客户，回访目的主要是加强和客户合作关系，可以按具体情况灵活安排，应根据客户的空闲时间和本公司人员的繁忙程度而定。一般情况下，每月1～15日正是税务会计收资料时间，所以一般安排在该时间段进行客户回访。每人每个月可安排3个客户进行回访，有特殊情况的，比如有的客户每月15日后才收资料的，就可以安排到15日以后回访。

（5）客户回访

1）回访人员要求言谈举止得体，落落大方，礼貌友好，不卑不亢，保持公司良好形象。

2）问候。可从关心客户及家人入手，拉近距离、培养感情，注意与客户家人及其周围的朋友建立良好的关系。

3）通过与客户沟通，了解客户真正存在的问题和需要解决的问题；根据客户的不同态度，选择谈话内容，提出不同的建议和要求。

（6）结束回访

1）对客户提出的问题给予明确的答复。

2）向客户再次讲明回访目的，并表示感谢，为下一次回访做好铺垫。

3）认真及时总结回访结果、处理方法及客户的有关情况，并做好相关记录。

4）向上一级汇报回访情况。遇到疑难问题应该召开会议进行讨论交流，寻找解决问题的方法。

第4单元

快件接收

快件的接收是快件交接与验收的集合，发生在快件总包准备入库时。作为快递行业的一项基本制度，在实际操作当中，“交接”只是一种形式，而“验收”才是这项制度的核心内容。在执行这项制度的具体操作过程中，只有对“数量、规格、标准要求”等实际工作中诸多相应的内容、细节核对查验清楚之后，才能完成“交接”的形式。也就是说，“验收”是“交接”的必要条件，没有“验收”，“交接”也就无从谈起。

第一节　到件验收

→能处理封志异常情况

→能处理进站总包异常情况

一、到件验收

在各作业环节进行交接时，交接双方应严格执行交接验收的各项规定。交接时应按照详情单（包含协议用户自备的单据）所记载物品的内容、数量、号码对实物逐单进行清点，以保证单、物相符。

1. 验收标准

目前快递行业到件验收也是根据《国内邮件处理规则》（2001 年 3 月 1 日起实施）进行的，对符合下列情况之一的总包，应视为不合标准总包：

（1）袋牌。字迹模糊，不能辨别接收局名和号码。

（2）封志。印志模糊，不能辨别封发局名；铅志不牢固，铅志顺夹，袋绳可以抽出；铅志有撬动、锤砸等痕迹。

（3）绳扣。绳有接头；捆扎不紧能将袋绳捋下。

（4）袋身。袋身有 2 厘米以上破洞、裂口，破洞非机器缝补或破洞用绳捆扎内件有取出可能的；袋皮水湿、油污，推断是由内件破损造成的；总包超过限重的。

（5）套皮。套皮破裂或有拆动痕迹；套皮两端未粘住，能抽开；套签未盖骑缝日戳或日戳模糊，不能辨别封发局名。

2. 验收内容

（1）验收参考规则。《国内邮件处理规则》第 274 条规定："邮件在处理过程中，凡局际之间办理交接的都必须严格执行交接制度，凡局内作业处理，在保证邮件处理质量、明确责任的情况下，可根据实际情况自行确定。"

第 276 条交接验收的基本内容："根据清单或路单逐件、逐袋核对所登日期和总数是否与实物相符；逐件验视保价邮件，重点抽验其他邮件是否符合规定要求；邮件袋套的封装是否符合规格；总包的发运路向是否正确。"

虽然上述两项条款对于交接验收的具体内容都做了阐述，但还是比较笼统。实际生产中，需要交接验收的工作很多，内容也十分繁杂。如营业员与用户的交接验收，营业员与会计的交接验收，前后台的交接验收，班次间的交接验收，封发台与趟车人员的交接验收等。另外，随着快递业务的不断发展，交接验收内容也在不断增加和改变。比如提供上门服务，揽收人员就要与用户及公司内收寄人员进行交接验收。再比如在前台收寄与后台封发之间的交接验收中，计算机传输替代了以往的清单交接，汇款业务中取消了后台的复核环节……这些业务上的变化，其实都对我们的交接验收工作提出了新的要求。因此，面对繁杂的情况和不断的业务变化，相关人员应根据实际情况制订和调整需要验收的具体内容，不断细化交接验收的操作规程，让操作人员知道在这个环节中，需要验收的是什么，怎么验收。只有这样，才能扎扎实实地做好交接验收工作。

(2) 具体验收内容。不管使用哪种运输工具，最后装载快件进入分拣中心的都是汽车。结合上述规定，分拣中心场地人员在办理汽车到站快件接收时，需要进行以下验收工作：

1）分拣部门接收转运部门交来的速递总包，点验总包数目、规格，核对总包的数量与交接单载明的信息是否一致。确认无误后，在交接总单上批注交接时间，加盖接收日戳和经手人名章。如果总包的数量与交接单信息不符，需双方当面查清核实或在交接单上批注实收数量。

2）有卸车作业任务的分拣部门，在接卸趟车、快班汽车交来的速递总包时，须点验总包数目、规格，核对到站快件运输车辆的发出站、到达站/终到站、到达（开）时间，确认无误后，在交接总单上批注车辆实际到达时间、总包卸交完备时间，加盖接收日戳和经手人名章。如车有晚点情况，须要求交方批注原因；接收后的路单应妥善保管，班次作业完毕后及时装订、归档。

3）接卸车门施封的邮车，交接双方共同验视车门铅封是否完好，有无拆动痕迹，卫星定位系统记录是否正常，有无非正常停车或非正常启动车门的记录，并由收方妥善保管封志。如有不符，双方共同在路单上批注详情并签名确认。车门开启后，由接收方组织卸车，清点卸车总包数目、验视规格。

4）接卸车门不施封的邮车，由押运员在车门盯数，接收方组织卸车。卸车时高声唱数，验视规格。

5）到件卸车与分拣为流水线作业的，除采用点验总包快件数目、规格的方式进行卸车外，也可先将路单信息下载至条形码识读器中，边扫描勾核总包袋牌条形码边卸车，并将交分拣的快件总包放于胶带机上传送至分拣开拆区。同时，要做到逐袋扫描勾核，逐袋卸车传输。卸车总包数目以条形码识读器实际扫描数为准。扫描时如遇条形码不能识读，可比照总包勾核的特殊情况处理。

6）趟车交来的快件实行散件外走的，分拣部门卸车时逐件点验快件数目、规格。卸车人员也可持条形码识读器边卸车边逐件扫描勾核。快件卸车与分拣为流水线作业的，可直接将卸车的快件通过传输设备传送至分拣供包区。

7）卸车完毕，检查车内及车下有无漏卸、遗落邮件。将胶带机复位至安全位置后，邮车方可驶离装卸位置。

8）检查快件运输车辆送件人员提交的交接单的内容填写是否正确，检查交接单的内容填写是否完整，有无漏项，章戳签名是否规范准确。

9）检查总包是否有破损等异常现象；对不符合标准的总包，双方应当面处理，记录情况。

3. 验收流程

到站快件按运输工具的不同可分为汽车运输到站快件、航空运输到站快件、火车运输到站快件。无论总包在运输过程中采用何种形式，只有汽车运输（自有）到站快件能直达分拣中心，其他运输方式还需场（分拣中心）站（港）盘驳，才能到达快件分拣中心。

总包入库验收要求做到及时、准确、负责，也就是要求在尽可能短的时间内，准确地验收货物的数量、质量和包装，以认真负责的态度去对待验收。

陆运准则中有关接收验收的流程如图 4—1 所示。

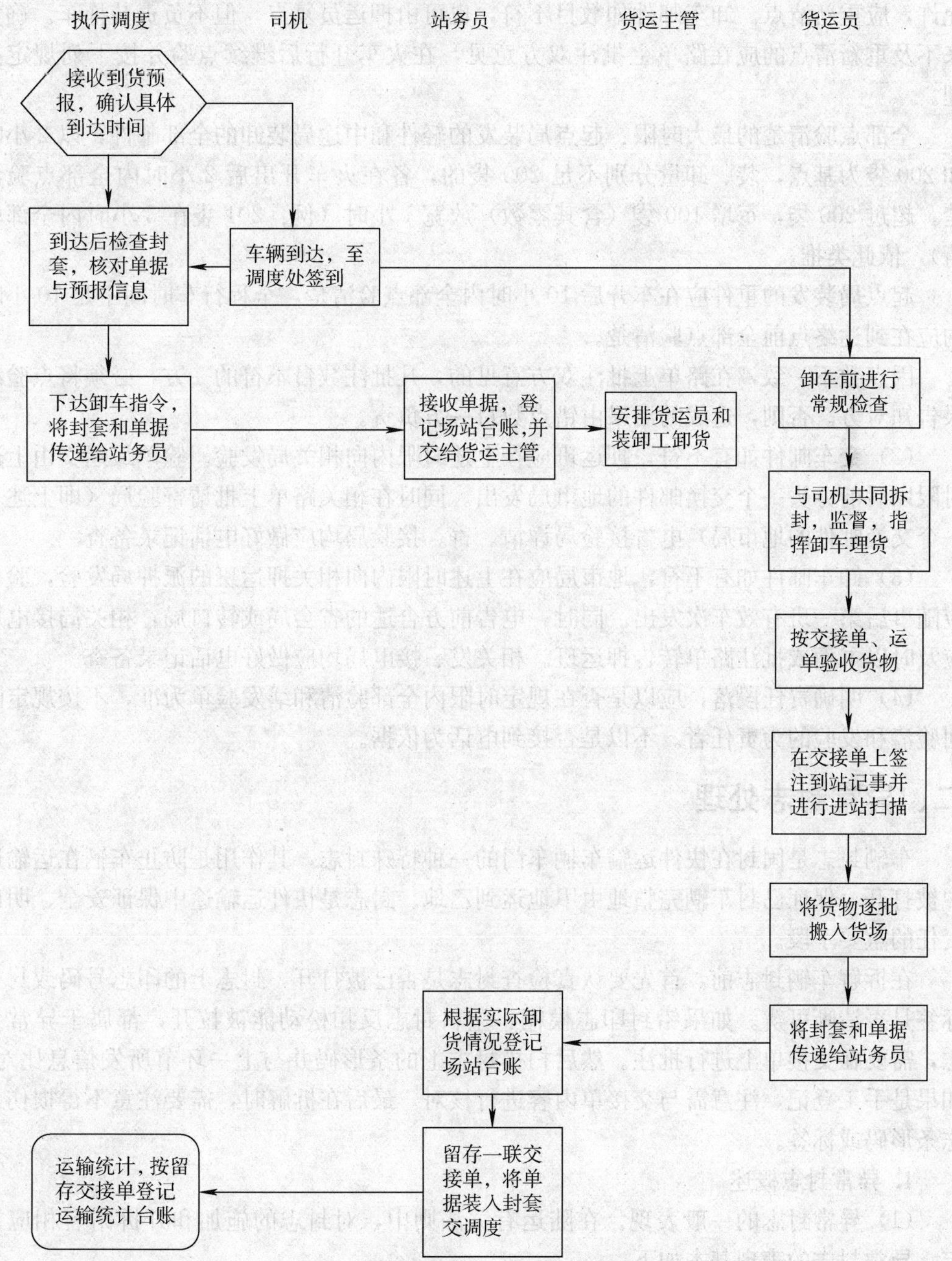

图 4—1　陆运准则中接收验收流程

《国内邮件处理规则》规定，交接时，原则上应该当场验清，但在特殊情况下，可依据下列规定办理：

（1）如属于火车交接，确因时间限制，接、押双方无法全部验清时，除特快专递、贵重包裹必须当场逐袋验清外，其他邮件应先清点总数；双方点数不一致时，如果时间允许，应重新清点。卸车邮件如数目不符，也可由押运员复点，但不负责装拖车。确实来不及重新清点的应在路单上批注双方意见，在火车开行后继续点验并按下列规定办理。

全部点验清楚的最大时限：起点局装发的轻件和中途局装卸的全部邮件，以 2 小时和 200 袋为基点，装、卸量分别不足 200 袋的，各在火车开出后 2 小时内全部点验清楚。超过 200 袋，每增 100 袋（含其零数）放宽 1 小时（例：201 袋在 3 小时内全部验清），依此类推。

起点局装发的重件应在车开后 10 小时内全部点验清楚，全程行车时间不足 10 小时的应在到达终点前全部点验清楚。

因点数不一致，在路单上批注双方意见的，凡批注数目不符的一方，必须将点验结果告知对方。否则，造成的后果由错点数目一方负责。

（2）交车邮件如有不符，押运班应在上述时限内向相关局发验。验单最迟交由上述时限以后前方头一个交换邮件的地市局发出。同时在相关路单上批请寄验局（即上述头一个交换邮件的地市局）电告接验局详情。寄、接验局均应做好电话记录备查。

（3）卸车邮件如有不符，地市局应在上述时限内向相关押运班的派押局发验，验单应随事后第一班有效车次发出。同时，电告前方合适的省会局或转口局，相关局接电后应及时以书面或批注路单转告押运班。相关发、接电局均应做好电话记录备查。

（4）明确责任段落，应以是否在规定时限内全部验清和缮发验单为准，不按规定时间验清和发验的为责任者。不以是否接到电话为依据。

二、异常封志处理

车辆封志是固封在快件运输车辆车门的一种特殊封志，其作用是防止车辆在运输途中被打开，保证已封车辆完整地由甲地运到乙地。封志是快件运输途中保证安全、明确责任的重要手段。

在拆解车辆封志前，首先要认真检查封志是否已被打开，封志上的印志号码或封志标签是否清晰可辨。如果铅封印志模糊、塑料封志反扣松动能被拉开，都属于异常封志，需要在交接单上进行批注。然后扫描封志上的条形码并与上一环节所发信息比对，如果是手工登记，注意需与交接单内容进行核对。最后在拆解时，需要注意不得损伤封志条形码或标签。

1. 异常封志概述

（1）异常封志的一般表现。在陆运有关法则中，对封志的施加和开拆附有相应规定。异常封志的表现基本如下：

1）未经允许擅自开启封志。

2）封志上的印志号码或封志标签模糊，不能清晰可辨。

3）未经允许擅自毁坏封志。

4）封志不牢固，有松动。

（2）三种常用封志异常状况。根据封志种类以及形式的差异，不同的封志异常情况也存在差别。

1）使用施封锁施封（见图 4—2）。使用施封锁进行车辆施封时，应用粗铁丝将两侧车门下部门扣和门鼻拧紧，在每一车门上部门扣处各加一把施封锁。施封后，应对施封锁的锁闭状态进行检查，确认落锁有效，车门不能拉开。在货物运单、货车装载清单或货运票据封套上记明锁及其施封号码（如锁 146355、146356）。对车门构造为每侧只有一个门扣的货车进行施封，按上述施封方法处理。车门上部门扣损坏或在途中进行补封，需在下部门扣处施封时，施封单位（或委托施封单位）应编制普通记录证明。

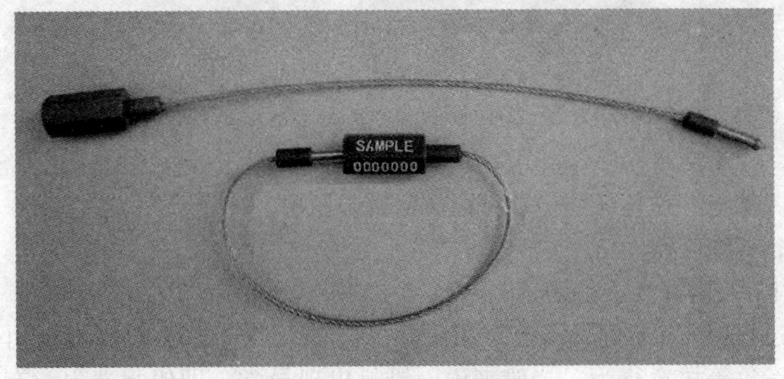

图 4—2　施封锁

发现施封锁有下列情形之一者，应按异常情况处理：

①钢丝绳的任何一端可以自由拔出，锁心可以从锁套中自由拔出。

②钢丝绳断开后再接，重新使用。

③锁套上无站名、号码和站名或号码不清、被破坏。

2）使用施封环施封（见图 4—3）。发现施封环有下列情形之一者，按施封异常处理：

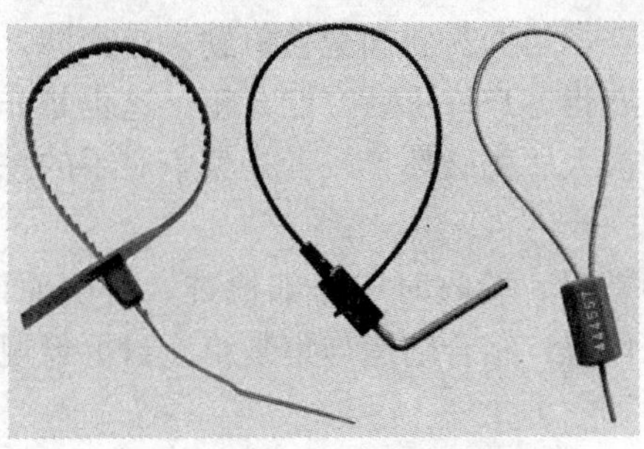
图 4—3　施封环

①环带的任何一端，可以从环盒中自由拔出。

②环带折断。

③环带与环盒两者附有的站名、施封号码不一致。

④环盒或环带上无站名或施封号码。

⑤环盒被撬变形。

3）使用铅质封饼施封（见图 4—4）。在使用封饼时，封饼印文必须清晰可辨；封车的材料分为铅饼、麻绳或棉绳、铁丝等。.

发现铅饼有下列情形之一时，按施封异常处理：

图 4—4　铅质封饼

①麻绳、棉绳、铁丝任何一端可以从铅饼中脱出。

②麻绳、棉绳、铁丝折断。

③封饼上的站名、号码无法辨认。

在货运过程中，铅封出现异常、丢失，由自然原因造成的可能性非常小，多是出于偷窃、恶意竞争等故意行为。一般来说，铅封出现异常，即铅封遗失，有以下 3 种情况：

第一，装车后发运前，铅封遗失。通常来讲，这种可能性很小，因为在装车后，车主一般不能立即离开装货现场，在装货区域（通常为企业的工厂或库区）一般不会发生铅封被恶意损坏的情况。

第二，在途铅封遗失。通常发生这种情况，是由于司机在中途停靠时，发生偷窃现象，偷窃者为达到目的，必须要破坏铅封，而铅封在一般工具作用下，很容易断裂。

第三，到货等待卸车。一般来说，铅封不会在货物交与收货人前打开，如果遇到道路检查，并须开箱检验时，承运商需要和交警值勤人员交涉，尽量避免开箱。如无法避免，需要和客户联系，在取得客户许可后方能开箱。这也是非常容易发生铅封异常的地方，一般这种情况是由于被人恶意破坏，或者是竞争对手的恶意竞争所致。

2. 异常封志处理方法

通常，当出现封志异常时，验收时应仔细检查，辨明原因，并在交接单上注明情况。对以上 3 种异常封志情况，结合陆运与集装箱施封拆封规则，分别有各自的处理方法。

（1）施封锁异常。卸车人在拆封前，应根据货物运单、货车装载清单或货运票据封套上记载的施封号码与施封锁号码核对，并检查施封是否有效。

拆封时，从钢丝绳处剪断，不得损坏站名、号码。拆下的施封锁，对编有记录涉及货运事故的，自卸车之日起，须保留 180 天备查。

（2）施封环异常。卸车人在拆封前，应根据货物运单或货车装载清单、货运票据封套记载的施封号码与施封环号码核对，并检查施封是否有效。

拆封时，从环带空白处剪断，不得损坏环带和环盒上的印文，并保持原来长度（使用施封环剪断钳剪断的环带长度两截相加，可较原来短少 1 毫米）。每一货车上拆下的施封环应拴在一起，妥为保管，建立登记、备查和销毁制度，保管期须满 1 年。

（3）铅饼施封异常。施封的货车，在到站接收和拆封时，应进行核对检查。发生货运事故时，将封饼与有关的货运单据一并保存，供判明责任参考。

对货运公司而言，在发现铅封异常后，承运商必须承担由此带来的盘点货物发生的相关人员费用，以及丢失货物的赔偿。通常，在我国春节（或其他长假）时期，铅封遗失的现象会更为突出，因为在此时期，货物的发运量通常会加大，偷窃行为也会更多。这就要求司机在运输途中必须保护好货物，不离开视线，不得随意停车。

三、异常总包处理

接收进站总包是处理环节的总进口，分拣中心必须严格把关，一丝不苟地进行检查，守住“大门”。快递企业对总包交接实行“交接单”交接。交接时应以“交接单”上登记的内容或网上信息为准，并与总包实物进行对比。对于验收发现的异常总包，交接双方应当场及时处理，明确责任。

单元 4

1. 异常总包识别

在接收总包时，应对总包做以下方面的验视，以识别异常的总包。如有符合下列情况之一的，即判定为异常总包。

（1）总包发运路向是否正确。

（2）总包规格、重量是否符合要求。

（3）包牌或标签是否有脱落或字迹不清、无法辨别的现象。

（4）总包是否破损或有折动的痕迹。

（5）总包是否有水湿、油污等现象。

2. 异常总包处理方法

快件总包在转运过程中会采用多种运输方式，如水运、空运、陆运等。但是，任何一件总包在进入快递公司或转运机构的仓库时，都是采用汽车运输的形式来完成抵达作业。因此，本文的快件验收标准，是以陆运标准中的操作要求为依据的。在验收过程中，如果出现快件总包与信息不符的情况，可以遵循以下处理方法对不同情况采取不同的措施。

（1）出现总包件数与交接单载明信息不一致。一般情况下，总包件数与交接单载明信息不一致，是这两项中的一项信息出现差错，常常表现为总包件数的短少。

总包在接收过程中，如果发生件数与交接单所列数目不符，对数量短少的总包，需要复点，经过复点确认后，收货人应随即在接收单各联上批注清楚，先按实数签收，同时，由收货人与承运人共同签章。经过验收核对确认后，保管人员需要将查明的短少商品的品名、规格、数量通知运输承运人、发货人和存货人。

（2）总包发运路向不正确。对于经转局误发至本局的总包快件，应一律随验收单转寄给正确的经转局或验收局进行处理，并将事故通知原寄局。在转寄过程中，需要向封发局缮发验单，并且相关总包袋套需要随验收单副本转发至接收局，并要在相关来单上批明转发日期和转往何局。

（3）总包重量不符合要求。在总包运输过程中，由于在途的各种因素的影响，会出现接收到的总包重量与交接单载明重量不同的情况。但是，由于一些非故意的磨损，导致的包装受损等现象，往往会造成接收误差的产生，需要酌情处理。

对计重验收的货物，数量上出现误差时，凡其误差量在规定范围以内的，仓库可按实际验收时的数量验收入库，并填写入库单（验收单）。如果超过规定的误差范围，经核对查实后，按实际重量填写磅码单和验收记录，交发货人和存货人处理。在该批货物未做出处理结果前，应将该批货物单独堆放，妥善保管。待结案后，方可办理入库手续。

（4）总包有水湿、油污的现象等。在接收总包时，如发现水渍、脏污、损坏等情况，应由仓库收货人员直接与承运人交涉，由运输承运人编制商务记录或出具证明书。如该批货物在托运之时，发货人另有附言，损坏责任不属承运人，也应由承运人做出记录，并由承运人签章。如属于轻微异状，对不影响使用而存货人又要求入库的，仓库管理员需要按异状情况连同存货人意见，一并在入库单上批注清楚，方可予以办理入库手续。如属异状严重但数量较少的，送货人同意及时到库调换、整理，仓库可以先收货，待调换整理后，再签发单证；如属异状严重而数量又多的，应配合送货人、存货人做好退货或在库整理工作，暂不签发单证。

（5）总包有破损或出现折动的痕迹。在开箱、拆包验收时，发现总包有残损、折动等情况，保管员或验收人员应将残损总包另列，好坏分开。签收的单据则根据存货人的要求办理，可同时在一份总包入库单上分为完好总包、残损总包签收，也可另设残损总包入库单。残损总包签收后，也应及时通知存货人和发货人，并分开堆存，保持原状，以便检查和处理。

（6）总包包牌或标签出现脱落或字迹不清、无法辨别的现象。如出现总包包牌或标签异常，会导致不能清楚辨别接收局名和号码或封发局名的状况，此时，验收人员应在路单和袋内清单上批注并共同签收，应当向收寄局缮发验单并随验单附寄有关袋皮、袋牌、袋绳、铅志作证。

在总包转运过程中，如涉及航空类快件，航邮双方交接邮件时如发现邮袋不合规格，邮方交给航方的，航方应当拒收；航方交给邮方的，双方会同开拆查验内件，详细批注邮件路单和袋内清单，并由航方填写事故签，邮方缮发验单。对于进口国际邮件，航邮双方应会同海关按上述规定处理。

凡需通过干线航空邮路（包括直航、联航、航陆互转）运送的航空邮件、邮政快件总包，其接收局必须是干线航空通运局；特快专递邮件接收局是非干线航空通运局的，必须在袋牌上注明航空发运路由。

第二节　总包拆解

→能接收、核验优先快件

→能接收、核验保价快件

→能接收、核验自取、暂存、更址、撤回快件

→能处理进站总包快件清单和实物不一致情况

总包拆解作业，就是开拆已经接收入库的进站快件总包，将快件由总包转换为散件。经过总包拆解产生的散件，由于收件人的要求或其他的一些特殊原因，需要对部分快件进行特殊的收取处理作业，以满足服务要求。不同的快递公司在具体执行操作时，虽然大体过程相同，但是依然存在局部业务操作的差异，这与企业的制度、员工素质、工作环境等多种因素有关，这里主要依据中国邮政快件处理的规章制度，对特殊情况的处理进行阐述。

一、优先快件、保价快件处理流程

1. 优先快件、保价快件接收

优先快件是一种优先处理，优先寄送，具有明确的时限要求，限时到达的快件。它以快件发运速度为分类标准，用最快的邮路（航空或水陆路）优先发运，并在快件无法投递时，能快速退回寄件人。

保价快件是用户按照规定办理保价手续并交纳保价费的给据快件。保价快件是快递公司为了保护用户的利益不受损失而开办的一项业务。用户在交寄保价快件时报明快件的价值，要求快递公司在寄递过程中如发生丢失、短少或损毁的情况时，按保价金额予以赔偿。快递公司则要区别用户受到的损失是全部还是一部分，而按规定赔偿保价金额。

接收优先快件、保价快件的程序是：

首先，保价信函、保价包裹要双人开拆处理。

其次，认真执行交接验收制度，把好两种快件质量关，点清袋、套数目，逐袋、逐套检查快件封装规格是否符合标准，逐袋、逐套核对与路单是否相符，防止丢失损毁、误收误拆，做到快件准确无误后再进行平衡合拢。

再次，在接收快件袋、套后，应按规定赶发频次，分别急缓，顺序开拆处理（规定赶班发运的先开拆）。开拆时应看清袋、套接收公司名，防止误拆。

拆袋应剪断绳扣，不可损伤铅志，做到一袋一清，防止袋内遗留快件。

开拆包裹袋要小心轻倒，对拴有红杯、红杯水袋牌的必须轻拿轻放。

开拆信件套要保证套签完好和内件完好。在内件未经查核无误前，拆下的袋皮、铅志、袋牌和套皮不可合并混放，以免发生内件不符等情况时找不到原袋皮、铅志、绳扣、袋牌和套签等，因为上述物件均是缮发内件短少验单时须附给发寄公司的证据。

另外，开拆快件袋、套时，应当用红笔对快件与清单逐件勾挑核对，结总后按类别抄列送交相关环节签收。核对快件应附的详情单是否随附，核对后，抄送相关环节签收，经手人应在所开拆快件的清单上加盖日戳和名章。

2. 优先快件、保价快件核验

《国内邮件处理规则》规定，逐件验视保价邮件，重点抽验其他邮件是否符合规定要求。

保价快件与优先快件不得与其他快件混合开拆分拣。分妥后，开拆时应当逐件登入保价快件和优先快件清单。保价快件清单要注明保价金额。这两种快件的核验方式如同其他快件，但需要核对以下信息：

（1）验视快件路向是否发放正确，赶发时间。

（2）扫描包牌条形码信息，核验快件数量、质量、规格。

（3）倒出快件后，应利用三角看袋法或翻袋等方式检查总包空袋内有无遗留快件。

（4）核对快件与清单所填写的内容是否一致，并将快件清单整齐存放；核对快件应附清单是否随附。

（5）检查快件有无污损等异常情况。

二、自取、暂存、更址、撤回快件流程

1. 自取流程

快件自取是指快件到达指定接收局后，由该局通知收件人到指定地点领取快件。

通常，快件在许可范围内实行的是“送货上门”的服务，但在特殊情况下，需要客户上门取货，这些特殊情况分别是：

（1）投递 2 次仍无法投递的快件，可由收件人到指定地点自取。

（2）相关政府部门（如海关、公安等）提出要求的，可由收件人到指定地点自取。

（3）收件地址属于尚未开通快递服务的区域，通过与寄件人协商，可采用收件人到指定地点自取的方式。

通知收件人采用自取的方式，需要明确告知收件人自取的地点和快递公司的工作时间；收件人如果仍需要快递公司组织投递的，应告知额外费用。

在实际工作中，通知收件人自取快件是一件困难的事情。一般情况下，在大多数人的观念中，选择快件一方面是考虑其速度较快，时限能保证，另一方面就是因为考虑到快件的送货上门服务。但是在实际中，由于某些非人为因素的影响，送货上门不一定处处时时可行。对此，快递公司的工作人员在与收件人协商自取快件时，应表明不能送达的原因，争取收件人的理解与配合。

2. 暂存流程

快件暂存是指快件到达指定接收局后，由于特殊要求，快件需要暂时留局保存，等候收件人来领取。

凡在快件封面上写明收件人的姓名，指定存留局名称和寄件人的地址、姓名，并注明“××局存局候领”字样的快件都可以作为存局候领快件交寄。

要求存局候领的快件如果写明收件人详细地址或使用暗号的，不可以作为存局候领邮件收寄。

根据《国内邮件处理规则》第330条，存局候领邮件的处理方法是：

（1）存局候领局接到存局候领的邮件、汇款通知后应填写国内邮件接收登记簿交由相关营业窗口存局候领。投交时除按一般规定办理手续外，还要注意下列事项：

1）为确保妥投，不允许代领。

2）按规定收取存局候领手续费0.30元。所收手续费应换成邮票贴在相关补收邮费收据存根上用日戳盖销。

3）不论何类邮件，都应查看收件人身份证件。平常函件凭身份证件合格投交，不用收件人签收；给据邮件和汇款通知都要批注证件号码和收件人签章。

（2）存局候领邮件如发现已注明收件人详细地址的，应按一般邮件的规定按址投递或发领取邮件通知单通知来局领取。

（3）存局候领邮件的保管期，函件、包裹、汇款通知均为一个月，逾期不领作为无法投递件处理。

（4）存局候领的邮件应妥为存放，等候收件人前来领取。

（5）为便于收件人及时领取，各局收到的存局候领邮件，可登列一览表或书写黑板等公布。公布的内容，以邮件类别、到达日期、收件人姓名为限，不可将寄件人姓名地址公布，也不可以将邮件、汇款通知悬挂招领。相关邮件被领去或改寄、退回时，应在相关登记簿上销号或批注。

第352条规定："存局候领的邮件，可以申请由所存之局改寄他地邮局候领（照规定应纳改寄费的，并应照纳），但不得改存于同地另一邮局候领。写明收件人住址姓名的邮件，不得要求在同地改为存局候领，但可以改寄他地邮局存局候领。"

综上所述，对于暂存快件，快递公司都应有相应的处理规则，不能造成快件丢失或损失。参考我国邮政的处理规则，通常，对暂存快件伴有以下业务以进行暂存信息的登记以及相关快件的保管。

第一，暂存快件需要进行相应的信息登记，将信息载入接收登记薄，等候收件人领取。

第二，明确暂存快件的性质，不允许出现冒领和随意代领的现象。

第三，由于暂存快件在库存存放，带来了一定的成本增加，因此可以收取相应的保管费用，但是收费需合理，快递公司可参照我国的物价标准或行业标准制定本公司的资费。

第四，对暂存快件的领取，收货人应凭自己的身份证或有效证件领取。

第五，暂存快件都有一定的保管时间限制，不能长期滞留，变成滞留快件，积压库房，如逾期可按无法投递快件处理。

3. 更址流程

更址快件是指快件在寄送前或寄送途中，由于寄件人的要求，需要对快件到达地址或收件人进行更改。

更址流程划分为两种不同的情况：

（1）相关邮件尚未从收寄的分支公司发出。对申请更改收件人地址、姓名的，将邮件（包裹连同详情单）交申请人更改。

对于函件，原付本埠资费改寄外埠的，应补足资费差额。

对于包裹，按新址计算资费，原付资费多退少补，并将原收据和存根更正注明，加盖日戳和经手人名章。

对包裹邮费实行贴邮票办法的分支公司，遇寄件人申请更改包裹收件人地址的，退还资费时，对退还的资费应当填具退还或补收邮费收据，并在当日营业日报单内加以批注，将退还或补收邮费收据粘附在营业日报单上，款额在当日营业账相关科目内冲销出账。对补收的资费，用邮票贴在详情单上盖销。

（2）相关邮件已经从收寄的分支公司发出。用航空或电报办理的，申请书上要批注“航空”或“电报”字样，申请人交验的邮件收据上应当批注“更改”等字样，加盖日戳、名章，退回申请人。受理后，应当填写“撤回或更改通知书（邮 1607）”一份，按挂号手续发往投递局，要求航空办理的，要航空发寄。如果要求电报办理，应当立即按下列规定编写电报交发，通知书可以免填，但要在申请书上填明交发电报日期备查。

如相关邮件不是直封投递局的，电文中要写明邮件收寄日期、收件人地址姓名、邮件种类、号码和申请事项。

例如，天津市邮政局通知长治市邮政局将 2 月 5 日收寄长治黄河街 24 号王中原收的第 625 号包裹改寄到兰州和平路 127 号王晓全的电文式样如下：

长治市邮政局

（0205）黄河街（24）王中原（625）包裹改寄兰州和平路（127）王晓全天津市邮政局

如相关邮件是直封投递局的，电文应将邮件的收寄日期改列邮件封发日期。

综上所述，快件在进行更址时，应遵循下列操作：

（1）将快件（连同详情单）交申请人更改。

（2）本埠改外埠的函件应补足资费差额。

（3）快件按新址计算资费，原付资费多退少补，填具相关费用收据，并将原收据和存根更正注明，加盖日戳和经手人名章，并在当日营业日报单内加以批注，将费用收据粘贴在营业日报单上，款额在当日营业账相关科目内冲销出账。对补收的快递费，在详情单上盖销。

（4）相关快件已经从收寄的分支机构发出的处理，各类快件已收取的快递费一律不退。

（5）原投递局接到更改通知书时的处理要反馈。

（6）新投递局收到被更改地址和姓名的快件处理后要反馈。

对于国际快件的改寄，《国际及港澳邮件处理规则》250 条至 253 条有关进口国际邮件改寄的规定中应该重点把握住以下几个操作要点：

第一，如果收件人的地址变化，进口国际邮件可以根据国内业务的相关规定改寄新址。已投出但尚未开启的进口国际邮件，也可以根据收件人或其代理人的要求改寄收件人的新地址。

第二，由邮局工作人员或收件人的代理人将邮件上（包裹单及发递详情单上）原地址划销，注明收件人的详细新地址，并加注“改寄”字样。原来是航空邮件或优先函件的仍用航空方式收寄，原来是水陆路的按水陆路方式收寄。

第三，函件改寄不收改寄费，但收件人或其代理人要求用航空改寄水陆路的，应预先支付新邮程的航空运费（按出口国际航空邮件资例收取）。包裹在县、市境内改寄不收邮费，改寄到其他县市或省外的，应由申请改寄人按国内相关资例交付改寄费，收件人书面保证支付改寄费的，也可以由新投递局向收件人收取，并在邮件封面和发递详情单封面上批注“应收改寄费××元”。

第四，进口国际包件改寄到国外的，如果收件人或其代理人未预先支付邮费，按出口同类包裹资例计收，应按相关规定将邮局应收各项资费登入封发包裹清单邮局应收费用栏内。

第五，办好验关手续的进口国际邮件改寄到国外时，应办理海关验放手续；应纳税邮件改寄时，还应首先办理税款核销手续。

4. 撤回快件流程

快件撤回是指快件寄件人向快递公司发出申请，要求撤回已经委托给快递公司的尚未递送快递或已经递送出的快递。

通常情况下，寄件人撤回条件应主要包括：

第一，同城和国内异地快递服务：快件尚未首次投递。

第二，港澳和台湾快递服务：快件尚未出口验关。

第三，国际快递服务：快件尚未出口验关。

寄件人在向快递服务公司提出撤回申请时，快递服务公司应告知寄件人需要承担撤回费用并告知费用标准。

《国内邮件处理规则》中涉及的撤回快件分为不同的两种情况：

第一，相关邮件尚未从收寄的分支公司发出。对申请回撤的情况，应将邮件退交寄件人并在申请书上签收。如果是给据邮件并将收据收回，批注“撤回”字样，加盖日戳，贴在相关收据存根或收寄清单上。撤回包裹时，除处理费不退外，其余资费如数退还寄件人。退还资费时要填写退还或补收邮费收据。各类函件的资费不退，但所贴邮票未盖销，可不盖销，已盖邮资已付戳的，其邮费不退。

第二，相关邮件已经从收寄的分支公司发出。用航空或电报办理的，申请书上要批注“航空”或“电报”字样，申请人交验的邮件收据上应当批注“撤回”字样，加盖日戳、名章，退回申请人。受理后，应当填写“撤回或更改通知书（邮 1607）”一份，按挂号手续发往投递局，要求航空办理的，要航空发寄。如果要求电报办理，应当立即按下列规定编写电报交发，通知书可以免填，但要在申请书上填明交发电报日期备查。

对申请撤回，如相关邮件直封投递局的，电文中要写明邮件封发日期、收件人地址姓名、邮件号码和种类、申请事项。

例如，上海市邮政局通知合肥市邮政局退回随 3 月 15 日第 75 号清单 1 页 5 格寄去，收件人为合肥安庆路 319 号刘平收的第 463 号挂号信函的电文式样如下：

合肥市邮政局

（0315）（75）清单 1 页 5 格安庆路（319）刘平（463）挂信退回上海市邮政局

如相关邮件不是直封投递局的，电文中应将邮件封发日期改列邮件收寄日期。

综上所述，快件在进行撤回时，应遵循下列操作：

（1）验看申请书填写是否合格，是否签章。

（2）对个人申请的，还要验看其身份证件。

（3）如果相关快件是给据快件，需要查看收据。

（4）查明无误后，收取手续费，所收费用在申请书上盖销。

（5）在申请书上编号，并立即查明相关快件是否发出。

（6）相关快件已经从收寄的分支机构发出时，各类快件已收取的快递费一律不退。

（7）原投递局接到撤回的处理要反馈。

（8）收寄局收到撤回的快件处理要反馈。

如快件已投交收件人，应将快件的投递情况在 24 小时内用传真通知原寄局，由原寄局转告寄件人，并在申请书上批注后，再将申请书附在原收据存根上备查。

国际特快邮件在发往国外之前，寄件人可以向收寄局申请撤回。寄件人申请撤回邮件时，须出示邮件收据、详情单寄件人留存联和单位证明信（个人交寄的须出示本人身份证件）。填写国际特快专递邮件撤回、更改、查询申请书（邮特 2019）一份。收寄局受理撤回邮件申请时，收取“撤回邮件申请费”，并在原收据上加盖“撤回”戳记。同一寄件人同时在同一邮局通过同一邮路寄交同一收件人的数件邮件，要求撤回时可只填写一份申请书，并按一件收取申请费。发往瑞典、德国、荷兰的出口国际特快，因寄、收件人原因退回时，应收取 55 元/千克退费。

国际中速快件因寄、收件人原因退回时，应收取出口邮费的 70%作为退回费。

此外，对于因需要办理出口海关手续而被海关、公安等执法机关扣留或海关不准出口的国际快件，应由原收寄网点通知寄件人办理海关手续或退回寄件人。对快件的一部分或整件扣留时，应将海关、公安等执法机关签发的扣留通知单投递寄件人。

三、总包清单与实物不一致情况的处理

人工拆解与机械化拆解过程中，会遇到一些特殊问题，有出现不合规格总包的可能。通常情况下，总包拆解过程中有如下异常情况，对不同的异常情况，快递业务员需要采取正确的处理措施，现列举邮电部发布的《国内特快专递邮件处理规则》等相关政策中对异常情况的处理方法。

1. 异常总包处理的参考规则

根据《国内邮件处理规则》，袋套内清单和邮件不合规格的处理方法如下：

第 209 条规定：“开拆给据邮件袋套发现未附清单时，应当将实际收到的邮件代补清单，并向封发局缮发验单。清单补一式二份，一份随验单附寄，一份作为进口清单存档，清单上要由经手人批注和盖章，并应由主管人员签证。”

第 210 条规定：“发现内件短少、漏登清单、单包不符、更改划销未盖章、漏结数、错结数都应当向封发局缮发验单。内件短少的，如有单无包等，应当将相关袋、套的封皮、封志、绳扣、袋牌随验单附寄作证。相关清单备注栏要批注验单号码和所验事项。”

对改退邮件未贴改（转）退批条，未加盖改退戳记或批条手续不全，不能辨别批退

原因的，应退发收寄局补办改退手续。

2. 异常总包的处理

在开拆总包时，如发现清单与实物不一致时，可采取以下处理方式：

(1) 快件总包包牌所写快件数量与总包袋内快件数量不一致。如果内件数目与开拆清单和网上清单结数不符，则应依据网上清单逐件扫描勾核该开拆总包的内件，并根据勾核结果向上游的封发公司发验。

(2) 拆出的快件有水湿、油污等。发现快件有水湿、油污情况，应立即予以适当处理。向上一环节和封发公司缮发验单查明原因，明确责任。

在快件处理中，如快件有水湿、油污、流汁和内装物品损毁等现象，应会同主管人员复称快件重量，并查看详情单、批注系统中的该快件信息及纸质清单。必要时，双人以上会同开拆快件外包装，验视内装物品损失情况及包装衬垫情况，并向相关责任公司缮发验单，告知快件污损状况和处理意见，随验单附寄袋皮、封志、绳扣、袋牌等相关证物。

快件重量基本相符、污损情节较轻的，双人共同代封整理后，附验单交人工分拣转发。

快件重量不符且污染、损毁情节严重的，一律不得转发。残留部分可暂为妥善保管，待转询寄件人处理意见后再做处理。

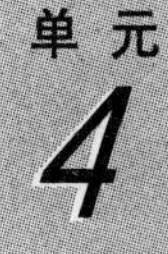

(3) 拆出的快件外包装破损、断裂、有拆动痕迹。如快件的外包装有破损或拆动痕迹，应会同主管人员复称邮件重量，并查看批注系统中的该快件信息及纸质清单。

重量相符、内装物品完整的，向相关责任公司缮发验单，随验附寄袋皮、封志、绳扣、袋牌等相关证物。快件经双人共同代封后，附验交人工分拣转发。

快件重量不符、内装文件或物品已严重短少或丢失的，一律不得转发。应立即向相关责任公司发验，随验附寄袋皮、封志、绳扣、袋牌等证物。验单副份抄报省（区、市）快递总公司业务监察部门，以便进一步查明责任。残余快件需暂时妥善保管，待转询寄件人处理意见后再做处理。

(4) 改退快件的批条或批注签脱落、改退签批注错误等。如出现改退快件的批条或批注签脱落、改退签批注错误，不能辨别批退原因的，应退回上游发寄公司补办改退手续。

(5) 拆出的快件属误封发寄错误。拆出的快件属误封发寄错误，应向上游封发公司缮发验单，相关快件随验单副份转发接收公司并在相关清单上批注转发日期和接收公司。如误发数量较多或发验后不改的，应将验单副份抄报相关省公司和速递部门。

(6) 封发清单更改划销处未签名并未盖章、快件数量与封发清单所登数量不符、错登快件号或未附内件封发清单等。如纸质清单有划销、涂改及未加盖经手人名章问题，应将纸质清单与网上下载的清单及邮件实物进行核对，并将不符情节向封发公司发验。若是清单错误，核对内件无误后，在清单上批注实收件数。

发现未附清单时，应当将实际收到的邮件代补清单，并向封发局缮发验单。清单补一式二份，一份随验单附寄，一份作为进口清单存档，清单要由经手人批注和盖章，并应由主管人员签证。快件还应复称重量，发验时，要标注重量并附相关证物。发现内装快件短少，应当将相关袋套的袋皮、封志、绳扣、袋牌随验单附寄作证。

发现错登快件编号、快件漏登清单、登单划销未盖章、错漏结数、漏盖日戳或名章、漏注相关内容等差错事项，均应向封发公司缮发验单，详细说明。

（7）快件运单内容（寄达地、重量、物品名称等）与清单信息不符。发现内件短少、漏登清单、单包不符、更改划销未盖章、漏结数、错结数都应当向封发公司缮发验单。

内件短少的，如有单无包等，应当将相关袋、套的封皮、封志、绳扣、袋牌随验单附寄作证。相关清单备注栏要批注验单号码和所验事项。若属有包无单，应按快件封面书写的收件人姓名、地址予以补单，并复称重量。

注有重量的，要复称重量，附有内件清单的要点验。复称和点验的结果，都要在清单上批注，复称和点验不符的，重封后验知封发局，快件随验单副份转到投递公司。

发现漏登清单时，应在相关清单上予以补登，并更正结数。

出现漏结数的，核对无误后，在清单上予以代结数。

出现错结数的，核对无误后，在清单上批注准确数，划销原结数，但应使原来字迹仍可看出。

（8）快件运单地址残缺。快件详情单因脱落、破损造成残缺不全，或因水湿、污染造成地址、收件人姓名、联系电话等信息模糊的，应在规定时间内向相关责任公司发验。扫描或键入该快件条形码信息与系统下载的清单信息进行勾核，以调出该快件的收件人地址信息。

如有收件人地址信息，则在快件上贴批条注明收件人地址，交人工分拣作业处理；如无收件人地址信息或无网上清单信息，则向相关责任局发验，并向主管人员报告，由主管人员及时与收寄公司联系解决。该快件附验单妥善保管，待查明收件人地址后再分拣处理。

（9）有内件受损并有渗漏、发臭、腐烂变质现象发生的快件等。发现包裹受损、有渗漏、发臭等情况，应当会同主管人员拆验，并视内件受损情况，予以整理或重封。

如内件是腐坏的食物，可先行销毁或抛弃，在来单上批注处理情况，并向上游封发局缮发验单。

如内件已毁损不堪再用，原包不必转发或投递，应查明责任段落，验知收寄公司（他公司经转的，副份抄给经转公司），转询寄件人处理意见，妥善处理。

第5单元

快件分拣

中级快件分拣工要求快件员能够对国际快件进行批量处理，快件处理人员应当掌握相关知识（包括航空代码、邮政编码、英文名址翻译、信息录入方法等），避免错分并提高分拣效率，保证快件按预计的时限、合理的路线及有效的运输方式送达客户。

第一节 常规件分拣

→ 能检查快件运单信息完整性
→ 能批译国际进口快件政府部门、大专院校、金融机构等常见名址
→ 能按照航空代码、电话区号或邮政编码对快件进行分拣

分拣工作需要根据客户填写的快件运单信息来进行，运单信息填写的正确与否直接关系到快件能否被准确和快速地分拣。

一、运单概述

1. 运单内容

快递运单为服务格式合同，也是快件的“身份证”，是快件分拣、信息录入、运输、派送的重要依据。快递运单一般包括以下项目：

（1）寄件人信息，主要包括名称、单位、地址、联系电话。

（2）收件人信息，主要包括名称、地址、单位、联系电话。

（3）快递服务组织信息，主要包括名称、标志、联系电话。联系电话应稳定、有效，在发生变更时应及时通知有关消费者。

（4）快件信息，主要包括品名、数量和重量、价值、封装形式。

（5）费用信息，主要包括计费项目及金额、付款方式、是否保价（保险）及保价（保险）金额。

（6）时限信息，主要包括收寄时间、投递时间。

（7）约定信息，主要包括双方约定事项，包括产生争议后处理途径、寄件人对快递运单信息的确认。

（8）背书信息，主要包括查询方式与期限，顾客和快递服务组织双方权利与责任，包括顾客和快递服务组织产生争议后的解决途径，如顾客可选择与快递服务组织协商、向消费者权益保护组织投诉、向行政部门申诉、向仲裁机构申请仲裁、向人民法院起诉等方式。

快件运单实例如图 5—1 所示。

2. 快件运单填写注意事项

快递的时效与安全在很多时候也取决于快递运单的填写是否详细与正规，所以，在快递填写的过程中不能忽略一些小细节。虽说各家快递公司的运单设计会有所不同，但那也只是在格式上有所不同而已，其核心内容大致都是相同的，而且每一个栏目与内容都不会是虚设的，都有一定的用处。如果投递员和客户能认真填写好每一栏目那自然是最好的，但往往由于工作与时间的原因投递员或者客户只填写相关的部分内容。在运单上有几项最为关键的栏目中的一些细节也经常被忽略掉，如下所示：

（1）“收件人、发件人电话号码”的填写。虽然一般的运单会在这两项中注明“非

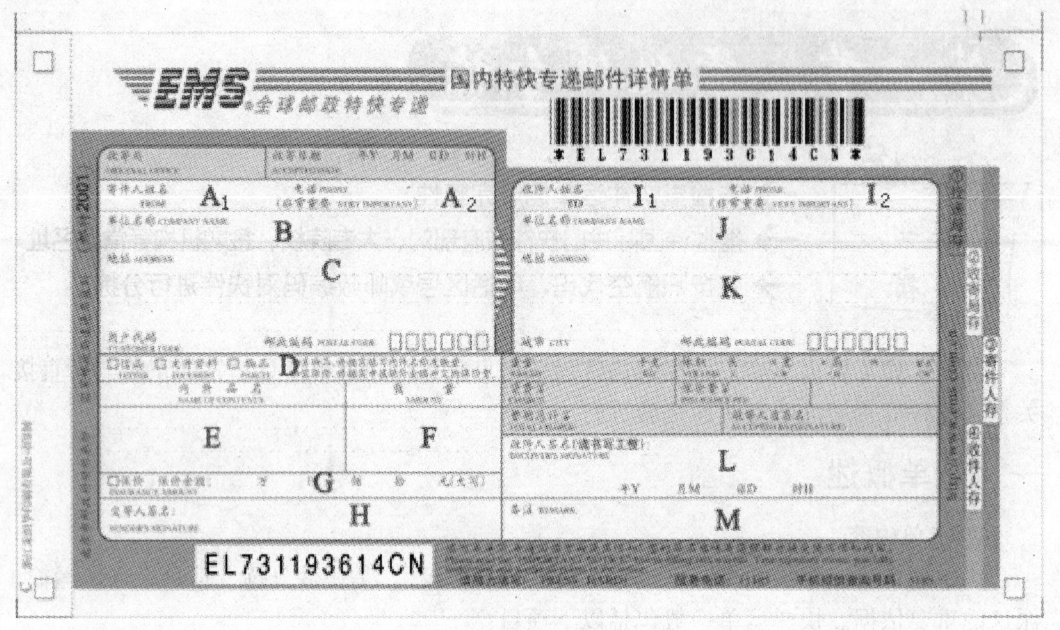
EMS 全球邮政特快专递 国内特快专递邮件详情单

EL731193614CN

寄件人姓名 FROM A$_1$ 电话 PHONE（非常重要 VERY IMPORTANT）A$_2$

单位名称 COMPANY NAME B

地址 ADDRESS C

用户代码 CUSTOMER CODE 邮政编码 POSTAL CODE

□信函 □文件资料 □物品 D

内件品名 NAME OF CONTENTS E 数量 AMOUNT F

□保价 保价金额 G

交寄人签名 SENDER'S SIGNATURE H

收件人姓名 TO I$_1$ 电话 PHONE（非常重要 VERY IMPORTANT）I$_2$

单位名称 COMPANY NAME J

地址 ADDRESS K

城市 CITY 邮政编码 POSTAL CODE

收件人签名（请书写工整） RECEIVER'S SIGNATURE L

备注 REMARK M

①投递局存 ②收寄局存 ③寄件人存 ④收件人存

图 5—1 快件运单

常重要”，但还是时有发生漏填现象。其中，收件人电话不但能对快递的投递时效有着关键的作用，更是在当快递无法投递的时候有着联系客户的作用。当投递员在投递快递的时候，遇有不熟悉的地址或不详细的地址将会事先电话联系客户并在最快的时间之内进行投递，如果没有该电话将有可能要花更多的时间来找该投递的地址，当快件按正常投递却发现客户不在场或是搬迁时，该电话将起到最大的作用。另外，当该快件发生意外或是无法投递时，发件客户的电话又会是非常重要的信息反馈途径，投递员或是客服员将会拨打发件客户的电话来联系该快件的处理方式，以便能及时地更改快递投递方式，不会造成退回而浪费时间与资源。

（2）在快递运单栏目中都会有“揽件人签名”项。这个看似不怎么重要的栏目时常会发生揽件业务员没有签名的现象。当快递没有任何影响的时候，客户也不怎么在乎揽件业务员是否签名，但在快递延误或是发生其他不正常现象时，该栏对快递的查询以及客户方便投诉等有着双重重要性。从另一个角度来说，既然收了客户的快件就应该签字确认，这既是对客户的负责也是对公司的负责，更是体现一种诚信的态度。此栏对快递公司而言没有太大的影响和不便，但对客户来说显得更为重要。快递作为服务行业，为客户着想就是其服务的最基本要求，所以不要小看该栏的填写。

（3）“寄件人签名”是客户填写的权利与义务。按照快件详情单声明要求：“填写本单前，务必阅读背面使用须知！您的签名意味着您理解并接受使用须知内容。”在这里，寄件人签名具有“确认”与“履约”的双重意思。从法律的角度来说，这就是一份合同，只有客户签名才意味着该合同生效，否则一旦发生意外就会产生不必要的麻烦与纠纷。

（4）“目的地”的填写。一般的运单都有该栏目，是为方便快递公司分拣投递用的。

这也是快递公司业务员或是操作员来填写的，该栏目的填写往往要非常细心，在操作的时候要看清收件的地址，如：上海市威海路×××号，很有可能就会在“目的地”栏中填写成“威海”。另外，通常我们现在使用的“目的地”栏目都为手写，这很容易造成笔误，如：海宁误为宁海、宁波误为宁海、东莞误为东营、玉环误为玉林等。可能在书写的时候不会发生笔误，但在中转操作的过程中也有可能产生误认，所以尽可能地用正楷来书写目的地是最好的办法，当然，能用计算机打印是最好的。

(5)“条形码”的保护也很重要，在填写运单时由于书写的不慎，条形码时常会受到污染，这样一来在扫描的过程中就会造成不必要的时间浪费，甚至可能影响快递的正常投递与正常结算。

当寄件人交付邮费时，收寄人员应开具“特快专递邮件收据”一式三联，并在收据各联上加盖特快专递邮件收寄日戳和收寄人员名章。收据第一联连同邮件详情单寄件人存联一并交寄件人收执；收据第二联连同邮件详情单收寄局存联一起作为缴款凭证；收据第三联留存。

3. 运单的粘贴

邮件详情单应牢固粘贴在特快专递邮件专用封套指定位置或邮件包装箱、盒的最平整面，并在邮件正面（粘贴邮件详情单面）右上角处加盖特快专递邮件收寄日戳。使用计算机收寄系统的，收寄日戳可打印在邮件详情单中线左侧靠上部位。若无法清晰加盖，可盖在“特快专递邮件收寄日戳印志签”上，使用时可将特快专递邮件收寄日戳印志逐枚揭下，牢固粘贴在邮件正面右上角。使用印有收寄局名的邮政专用胶带，合格封装。

单元 5

二、按类分拣快件

快件分拣可依照城市航空代码、电话区号或邮政编码等来进行分类分拣。快递分拣部门在接收转运部门和营业部门交来的出口国内速递邮件和信息后，依照不同分拣要求对快件进行初分、细分。

1. 邮政编码

邮政编码是实现邮件机器分拣的邮政通信专用代号，是实现邮政现代化的必需工具，最终目的是使邮件在传递过程中提高速度和准确性，因此在交寄信件、包裹时务必写明邮政编码。为了实现邮件分拣自动化和邮政网络数字化，加快邮件传递速度，目前世界上已有 40 多个国家先后实行了邮政编码制度，并以此作为衡量一个国家通信技术和邮政服务水平的标准之一。各国邮政编码规则并不统一。

(1) 我国邮政编码的编码规则。我国于 1974 年开始研制邮政编码，经过 5 年左右的时间，拟订出“全国邮政编码试行方案”，于 1978 年在辽宁、上海、江苏等省市进行试点。1980 年 7 月 1 日开始正式在全国宣传推行。后来因种种原因，推行工作全面停止。直到 1986 年，全国邮政工作会议决定重新在全国推行邮政编码。我国目前采用的邮政编码为“四级六码”制。即每组编码由六位阿拉伯数字组成，这六位数字分别表示省（自治区、直辖市）、邮区、县（市）邮电局和投递局（区）四级。六位数的前两位代表省（自治区、直辖市），第三位代表邮区，第四位代表县（市）邮电局，最后两位是投递局（区）的编号。现行邮政编码规则规定直辖市局邮政编码的后 5 位为 0，省会市局邮政编码的后 4 位为 0，中心局邮政编码的后 3 位为 0，县局邮政编码的后 2 位为 0。

例如，邮政编码“130021”“13”代表吉林省，“00”代表省会长春，“21”代表所在投递区。

国内邮政编码和长途电话区号见附录 1。

（2）美国邮政编码的编码规则。邮政编码即邮政代码，由美国邮政局使用，以大写字母表示。基本的邮政编码包括五个数字。一个延长的 ZIP＋4 代码是邮政编码的五个数字加上允许邮件被提供对一个具体地址的四个数字。邮政编码是美国邮政局的一个注册商标。

邮政编码被编号，以第一个数字代表某一小组即美国各州、第二个和第三个数字一起代表一个地区在哪个小组（或一个大城市），第四个和第五个数字代表更加具体的区域，譬如哪个城市的小镇或地区。

（3）法国邮政编码的编码规则。法国邮政编码始于 1972 年，共六个数字，前三位代表省，后三位分别代表城市、地区或邮政分局。

（4）日本邮政编码的编码规则。日本邮政研制的新型邮政编码系统于 1998 年 2 月 2 日投入使用。研制该系统的目的是为了满足日益扩展的邮政机械化作业的需要，提高作业效率，同时确保为用户提供稳定、廉价又优质的服务。其主要特点如下：

1）邮政编码数字的位数：七位，在前三位与后四位数字之间使用“—”字符连接。

2）文字结构：目前全部使用数字。

3）新旧邮政编码系统之间的联系：旧的编码中的三位或五位数字作为新编码的前几位数字。

4）新编码的特殊性：将地址的每一小部分分别指定为一个数字，连接在现有的邮政编码之后。大型企业和商务中心可以拥有专门的编码。

2. 各国机场代码及航空公司代码

（1）机场代码。国际航空运输协会（IATA）将其成员国国家名称用两个英文字母表示，城市名称以及其使用的机场名称用三个英文字母表示，以方便各国及地区航空运输企业之间的运输业务划分与合作。此代码被称为两字代码和三字代码。

主要城市机场代码见附录 2。

（2）航空代码。航空代码是指每个班机或者包机公司都有一个代码，飞机之间或者飞机与航空交通管理中心之间通信时使用这个代码。这些代码大多数是航空公司的名称缩写，但是有时出于历史性、市场广告的原因或者为了避免口语时产生的混淆，一些航空公司的代码与它们的名称的缩写不一样。因此，在快件分拣的过程中，要多加注意，严格区分。

常见航空代码见附录 3。

三、常见英文名址翻译

1. 政府部门（见表 5—1）

表 5—1　政府部门中英文对照

最高人民法院	Supreme People's Court
最高人民检察院	Supreme People's Procuratorate
国务院	State Council
外交部	Ministry of Foreign Affairs
国防部	Ministry of National Defence
国家发展和改革委员会	National Development and Reform Commission
教育部	Ministry of Education
人力资源和社会保障部	Ministry of Human Resources and Social Security
科学技术部	Ministry of Science and Technology
公安部	Ministry of Public Security
监察部	Ministry of Supervision
民政部	Ministry of Civil Affairs
财政部	Ministry of Finance
国土资源部	Ministry of Land and Resources
住房和城乡建设部	Ministry of Housing and Urban—Rural Development
交通运输部	Ministry of Transport
工业和信息化部	Ministry of Industry and Information Technology
水利部	Ministry of Water Resources
农业部	Ministry of Agriculture
商务部	Ministry of Commerce
卫生部	Ministry of Health
国家人口和计划生育委员会	National Population and Family Planning Commission
审计署	National Audit Office
新闻出版总署	General Administration of Press and Publication
国务院办公厅	General Office of the State Council
侨务办公室	Office of Overseas Chinese Affairs
港澳办公室	Hong Kong and Macao Affairs Office
台湾办公室	Taiwan Affairs Office
法制办公室	Office of Legislative Affairs
经济体制办公厅	Office for Economic Restructuring
国务院研究室	Research Office of the State Council
新闻办公室	Information Office
海关总署	General Administration of Customs
国家税务总局	State Taxation Administration

续表

国家环境保护总局	State Environmental Protection Administration
中国民用航空总局	Civil Aviation Administration of China (CAAC)
国家广播电影电视总局	State Administration of Radio Film and Television
国家体育总局	General Administration of Sport
国家统计局	National Bureau of Statistics
国家工商行政管理总局	State Administration of Industry and Commerce
国家版权局	National Copyright Administration
国家林业局	State Forestry Bureau
国家质量技术监督局	State Bureau of Quality and Technical Supervision
国家药品监督管理局	State Drug Administration (SDA)
国家旅游局	National Tourism Administration
国家宗教事务局	State Bureau of Religious Affairs
国务院参事室	Counsellors' Office of the State Council
国务院机关事务管理局	Government Offices Administration of the State Council
新华通讯社	Xinhua News Agency
中国科学院	Chinese Academy of Sciences
中国社会科学院	Chinese Academy of Social Sciences
中国工程院	Chinese Academy of Engineering
国务院发展研究中心	Development Research Centre of the State Council
国家行政学院	National School of Administration
中国地震局	China Seismological Bureau
中国气象局	China Meteorological Bureau
中国证券监督管理委员会	China Securities Regulatory Commission (CSRS)
国家煤炭工业局	State Bureau of Coal Industry
国家机械工业局	State Bureau of Machine Building Industry
国家有色金属工业局	State Bureau of Nonferrous Metal Industry
国家外国专家局	State Administration of Foreign Experts Affairs
国家海洋局	State Oceanic Administration
国家测绘局	State Bureau of Surveying and Mapping
国家邮政局	State Post Bureau
国家文物局	State Administration of Cultural Heritage
国家中医药管理局	State Administration of Traditional Chinese Medicine
国家外汇管理局	State Administration of Foreign Exchange
国家出入境检验检疫局	State Administration for Entry—Exit Inspection and Quarantine

2. 大专院校

（1）University。University 指综合性大学，如：Tsinghua University 清华大学，Beijing University 北京大学，Oxford University 牛津大学等。

（2）College

一是表示大学的总称，如：I am going to college.

二是表示比 university 小的大学，即独立的学院，如：Guangzhou Teachers College 广州师范学院。

三是指 University 内的分院。

（3）Institute。Institute 多指专科性学院，如：Guangzhou Engineer Institute 广州工学院，Guangzhou Physical Cultural Institute 广州体育学院等。

（4）Academy。Academy 指军事、艺术学校或院校，如：Guangzhou Academy of Fine Arts 广州美术学院等。

（5）School。School 除了用来指大学里面的学院、系、研究所外，主要用来表示学校的总称，指从小学到大学以下的各级各类学校，如：vocational school 职业学校，specialized middle school 中等专业学校等。

3. 金融机构（见表 5—2）

表 5—2　　金融机构中英文对照

中国人民银行	THE PEOPLE'S BANK OF CHINA
中国建设银行	CHINA CONSTRUCTION BANK
中国农业银行	AGRICULTURE BANK OF CHINA
中国银行	BANK OF CHINA
中国工商银行	INDUSTRIAL AND COMMERCIAL BANK OF CHINA
国家外汇管理局	STATE ADMINISTRATION OF FOREIGN EXCHANGE
交通银行	BANK OF COMMUNICATIONS
招商银行	CHINA MERCHANTS BANK
华夏银行	HUAXIA BANK
中信实业银行	CITIC INDUSTRIAL BANK
中国民生银行	CHINA MINSHENG BANKING CORP.，LTD.
中国进出口银行	THE EXPORT－IMPORT BANK OF CHINA
中国光大银行	CHINA EVERBRIGHT BANK
厦门国际银行	XIAMEN INTERNATIONAL BANK
上海浦东发展银行	SHANGHAI PUDONG DEVELOPMENT BANK
深圳发展银行	SHENZHEN DEVELOPMENT BANK CO.，LTD.
广东发展银行	GUANGDONG DEVELOPMENT BANK
上海银行	BANK OF SHANGHAI
香港道亨银行	DAOHENG BANK
大新银行	DAHSING BANK

续表

上海商业银行一香港	SHANGHAI COMMERCIAL BANK LTD.
香港东亚银行	BANK OF EAST ASIA
香港恒生银行	HANG SENG BANK
香港友联银行	ICBC（ASIA）
永隆银行	WING LUNG BANK LTD.
澳门大丰银行	BANCO TAI FUNG
澳门国际银行	LUSO BANK
澳门永亨银行	BANCO WENG HANG，S. A.
富邦商业银行	FUBON BANK
高雄银行	BANK OF KAOHSIUNG
国际商业银行（ICBC）	THE INTERNATIONAL COMMERCIAL BANK OF CHINA
华侨银行	BANK OF OVERSEAS CHINESE
华泰商业银行	HWATAI COMMERCIAL BANK
交通银行（台湾）	CHIAO TUNG BANK
联邦银行	UNION BANK TAIWAN
庆丰商业银行	CHINFON COMMERCIAL BANK
台湾土地银行	LAND BANK OF TAIWAN
台湾银行	BANK OF TAIWAN
第一银行（台湾）	FIRST BANK
亚太商业银行	ASIA PACIFIC BANK
埃及国家银行	NATIONAL BANK OF EGYPT
波士顿银行	BANK OF BOSTON
朝鲜华丽银行	BRILLIANCE BANK
彻斯曼哈顿公司	J. P MORGAN CHASE & CO.（CHASE. COM）
德国商业银行	COMMERZ BANK
第一联邦银行	FIRST UNION CORPORATION
第一银行（美国）	BANK ONE CORP
福力特金融集团	FLEETBOSTON FINANCIAL CORPORATION
加拿大道明银行	TD CANADA TRUST
加州联邦银行	CALIFORNIA FEDERAL BANK
科美利加公司	COMERICA BANK
纽约银行	BANK OF NEW YORK
纽约银行信托公司	BANKERS TRUST CO.
梅隆银行	MELLON FINANCIAL CORPORATION

续表

美国花旗银行	CITIGROUP INC.
美国运通信用卡	AMERICAN EXPRESS COMPANY
世界银行	THE WORLD BANK GROUP
万国银行	BANK OF AMERICA
J. P. 摩根公司	J. P. MORGAN CHASE & CO.（JPMORGAN. COM）
亚洲开发银行	ASIAN DEVELOPMENT BANK

第二节　问题件处理

→能处理禁限寄物品，应急处理危险品
→能处理包装不合格或破损的快件
→能处理收件人名址有误的快件
→能制作国内快件差异报告

一、禁限寄物品处理

1. 禁限寄物品

（1）禁寄物品。禁寄物品是指国家法律、法规禁止寄递的物品。规定禁寄物品主要是为了保护国家政治、经济、社会及文化的发展，保证快件传输过程中的人身安全、快件安全及快件操作设备安全，防止不法分子利用快递网络渠道从事危害国家安全、社会公共利益或他人合法权益的活动。

根据国家邮政局《禁寄物品指导目录及处理方法》规定，禁寄物品具体如下：

1）各类武器、弹药。如枪支、子弹、炮弹、手榴弹、地雷、炸弹等。

2）各类易爆炸性物品。如雷管、炸药、火药、鞭炮等。

3）各类易燃烧性物品，包括液体、气体和固体。如汽油、煤油、桐油、酒精、生漆、柴油、气雾剂、气体打火机、瓦斯气瓶、磷、硫黄、火柴等。

4）各类易腐蚀性物品。如火硫酸、盐酸、硝酸、有机溶剂、农药、双氧水、危险化学品等。

5）各类放射性元素及容器。如铀、钴、镭、钚等。

6）各类烈性毒药。如铊、氰化物、砒霜等。

7）各类麻醉药物。如鸦片（包括罂粟的壳、花、苞、叶）、吗啡、可卡因、海洛因、大麻、冰毒、麻黄素及其他制品等。

8）各类生化制品和传染性物品。如炭疽、危险性病菌、医药用废弃物等。

9）各种危害国家安全和社会政治稳定以及淫秽的出版物、宣传品、印刷品等。

10）各种妨害公共卫生的物品。如尸骨、动物器官、肢体、未经硝制的兽皮、未经药制的兽骨等。

11）国家法律、法规、行政规章明令禁止流通、寄递或进出境的物品，如国家秘密文件和资料、国家货币及伪造的货币和有价证券、仿真武器、管制刀具、珍贵文物、濒危野生动物及其制品等。

12）包装不妥，可能危害人身安全、污染或者损毁其他寄递件、设备的物品等。

13）各寄达国（地区）禁止寄递进口的物品等。

14）其他禁止寄递的物品。

（2）限寄物品。限寄物品是指需要按照国家法令政策及相关规定许可的范围或者凭有关部门的证明邮寄的物品。例如，警服、武器只有公安部门可以寄递；香烟寄递会有数量上的限制。

2. 禁限寄物品处理

（1）如果发现各类武器、弹药等物品，应立即通知公安部门处理，疏散人员，维护现场。同时通报国家安全机关。

（2）如果发现各类放射性物品、生化制品、麻醉药物、传染性物品和烈性毒药，应立即通知防化及公安部门按应急预案处理。同时通报国家安全机关。

（3）如果发现各类易燃易爆等危险物品，收寄环节发现的，不予收寄；经转环节发现的，应停止转发；投递环节发现的，不予投递。对危险品要隔离存放。对其中易发生危害的危险品，应通知公安部门，同时通报国家安全机关，采取措施进行销毁。需要消除污染的，应报请卫生防疫部门处理。其他危险品，可通知寄件人限期领回。对内件中其他非危险品，应当整理重封，随附证明发寄或通知收件人到投递环节领取。

（4）如果发现各种危害国家安全和社会政治稳定以及淫秽的出版物、宣传品、印刷品，应及时通知公安、国家安全和新闻出版部门处理。

（5）如果发现妨害公共卫生的物品和容易腐烂的物品，应视情况通知寄件人限期领回，无法通知寄件人领回的可就地销毁。

（6）如果对包装不妥，可能危害人身安全，污染或损毁其他寄递物品和设备的，收寄环节发现后，应通知寄件人限期领回；经转或投递中发现的，应根据具体情况妥善处理。

（7）如果发现禁止进出境的物品，应移交海关处理。

（8）其他情形，可通知相关政府监管部门处理。

二、危险品应急处理

1. 危险品定义

危险物品是指在运输过程中，可能危害人身的安全、健康或者损害运输工具、设备以及其他财产的物品或者物资。危险物品的运输必须遵守国家有关的法律、行政法规和其他有关规定。

2. 危险品的应急处理

如果发现各类易燃易爆等危险物品，在收寄环节发现的，不予收寄；经转环节发现的，应停止转发；投递环节发现的，不予投递。对危险品要隔离存放。对其中易发生危害的危险品，应通知公安部门，同时通报国家安全机关，采取措施进行销毁。需要消除污染的，应报请卫生防疫部门处理。其他危险品，可通知寄件人限期领回。对内件中其他非危险品，应当整理重封，随附证明发寄或通知收件人到投递环节领取。

（1）易燃液体灭火方法。扑灭易燃液体火灾的最有效方法是采用泡沫、二氧化碳、干粉等灭火器扑救。

处理：及时用沙土或松软材料覆盖吸附后，集中至空旷安全处处理。覆盖时，要注意防止液体流入下水道、河道等地方，以防污染环境。

（2）易燃固体、自燃物品和遇湿易燃物品火火方法。根据易燃固体的不同性质，可用水、沙土、泡沫、二氧化碳、干粉灭火剂来灭火，但必须注意：遇水反应的易燃固体不得用水扑救，如铝粉、钛粉等金属粉末应用干燥的沙土、干粉灭火器进行扑救；有爆炸危险的易燃固体如硝基化合物禁用沙土压盖；遇水或酸产生剧毒气体的易燃固体，如磷的化合物和硝基化合物（包括硝化棉）、氮化合物、硫黄等，燃烧时产生有毒和刺激性气体，严禁用硝碱、泡沫灭火剂扑救，扑救时必须注意戴好防毒面具；赤磷在高温下会转化为黄磷，变成自燃物品，处理时应谨慎。

扑灭自燃物品火灾时要注意：此类物品灭火时，一般可用干粉、沙土（干燥时有爆炸危险的自燃物品除外）和二氧化碳灭火剂灭火。与水能发生反应的物品如三乙基铝、铝铁溶剂等禁用水扑救；黄磷被水扑灭后只是暂时熄灭，残留黄磷待水分挥发后又会自燃，所以现场应有专人密切观察，同时扑救时应穿防护服，戴防毒面具。

扑灭遇湿易燃物品时应注意：此类物品发生火灾时，应迅速将未燃物品从火场撤离或与燃烧物进行有效隔离，用沙土、干粉进行扑救；与酸或氧化剂等反应的物质，禁用酸碱和泡沫灭火剂扑救；活泼金属禁用二氧化碳灭火器进行扑救，应用苏打、食盐、氮或石墨粉来扑救；锂的火灾只能用石墨粉来扑救。

（3）氧化剂和有机过氧化物灭火方法。有机过氧化物、金属过氧化物只能用沙土、干粉、二氧化碳灭火剂扑救；扑救时应佩戴防毒面具。

处理：在装卸过程中，由于包装不良或操作不当，造成氧化剂撒漏时，应轻轻扫起，另行包装，但不得同车发运，须留在安全地方，对撒漏的少量氧化剂或残留物应清扫干净。

（4）毒害品和感染性物品灭火方法。扑灭毒害品及感染性物品火灾时应注意：氰化物发生火灾时，不得用酸碱灭火器扑救，可用水及沙土扑救；灭火人员扑灭毒害品的火灾时应根据其性质采取相应的灭火方法。扑救时尽可能站在上风方向，并戴好防毒面具。

处理：固体毒害品及感染性物品，可在清扫后装入容器中；液体毒害品及感染性物品应用棉絮、锯末等松软物浸润，吸附后收集，盛入容器中。

（5）爆炸品灭火方法。用水冷却达到灭火目的，但不能采取窒息法或隔离法。禁止使用沙土覆盖燃烧的爆炸品，否则会由燃烧转为爆炸。扑救有毒性的爆炸品火灾时，灭火人员应佩戴防毒面具。

处理：对爆炸物品撒漏物，应及时用水湿润，再撒以锯末或棉絮等松软物品，收集后，保持相当湿度，报请消防人员处理，绝对不允许将收集的撒漏物重新装入原包装内。

（6）压缩气体和液化气体灭火方法。将未着火的气瓶迅速移至安全处；对已着火的气瓶使用大量雾状水喷洒；火势不大时，可用二氧化碳、干粉、泡沫等灭火器扑救。

处理：运输中发现气瓶漏气时，特别是有毒气体，应迅速将气瓶移至安全处，并根据气体性质做好相应的防护。人站在上风处，将阀门旋紧。大部分有毒气体能溶解于水，紧急情况时，可用浸过清水的毛巾捂住口鼻进行操作，若不能制止，可将气瓶推入水中，并及时通知相关部门处理。

（7）腐蚀品灭火方法。无机腐蚀品或有机腐蚀品直接燃烧时，除具有与水反应特性的物质外，一般可用大量的水扑救。但宜用雾状水，不能用高压水柱直接喷射物品，以免飞溅的水珠带上腐蚀品灼伤灭火人员。

处理：液体腐蚀品应用干沙、干土覆盖吸收，扫干净后，再用水洗刷。大量溢出时可用稀酸或稀碱中和。中和时，要防止发生剧烈反应。用水洗刷撒漏现场时，只能缓慢地浇洗或用雾状水喷淋，以防水珠飞溅伤人。

三、破损包装处理

包装不合格的常见情况主要有：包装箱有 2 厘米以上的破洞或撕裂，包装箱有水湿、油污，外包装箱被压垮、折断，内装物品之间有摩擦、碰撞或异常已破坏的声音，异常气味或强烈的刺激气味，表面留有或不完全留有旧运单、标签、地址，外包装为海报或塑料等易破损包装物。

《国内邮件处理规则》第 335 条规定对破损邮件的处理为：“发现邮件破损，不得简单退回。内件完整的应按规定进行重封，发验通知相关封发局，封妥后附验单发往前途；如内件短少、损毁的，应按上述规定查明责任，违反规定简单退回的为责任局。”因此，按照相关规定，对破损包裹的正确做法是：一是要把破口的包裹进行整理封口；二是验单中的措施项应为“把整理重封后的包裹进行试投，如收件人提出异议应由你局负责”；三是将包裹连同验单一起交营业部门，转为局内投交；四是营业部门在对外包装破损且重量相符的包裹投交时，要向收件人说明破损重封的情况，如收件人要求开拆核点内件，应报告主管人员，会同收件人当面开拆点验内件；五是开拆后，内件无短少，收件人无异议，凭有效证件签收领回，作为该邮件的妥投处理。

四、差异报告

差异报告是在分拣过程中发现快件不合格时，如实所作的记录文档。差异报告记录的内容应真实、详细，能够记录快递服务组织和顾客之间的交易过程，确保双方的权益不受侵害。差异报告一般也称为验单。依据分拣方式的不同，差异报告的记录有所不同。

1. 快件信息的扫描和勾核

快件出口分拣作业必须逐件进行散件勾核。下载网上清单成功后，持条形码识读器逐件扫描内件条形码，系统自动将扫描信息与清单信息进行勾核，并自动对邮件的应收数和实收数进行平衡合拢。开拆后采用网络化分拣方式作业的，通过逐件进行邮件扫描勾核，并核查系统界面中是否有相应的邮政编码信息，以确保出口邮件能够正常上机分拣。通常情况下，在内件扫描勾核作业时遇到问题可以按如下方法处理：

（1）内件短少。同一总包的内件全部扫描勾核完毕后，如果系统的清单列表中仍有“未勾核”的邮件信息，开拆人员应将该邮件信息的勾核标志修改为“少件”，同时批注纸质清单，并据此向封发局缮发内件短少验单，随验单附寄袋皮、封志、绳扣、袋牌等相关证物。

（2）内件多出。扫描内件条形码后，如果系统的清单列表中无该邮件信息，则做邮件追加录入，同时，将该邮件信息的勾核标志修改为“多件”，同时批注纸质清单，并据此向封发局缮发“多件白给”验单。

（3）无邮政编码。分拣机采用网络化分拣作业方式的，如遇出口邮件信息无邮政编码时，开拆人员必须根据邮件详情单上的收件人地址补录邮件寄达地的邮政编码信息，以确保邮件能够上机分拣。分拣机采用按键分拣方式或人工分拣作业的，无需做邮政编码信息补录。

（4）发现未附清单。应当先称整袋重量，与袋牌所注重量核对是否相符，将实际收到的邮件数补填清单一式二份，一份随验单附寄封发局，一份作为进口清单存档，清单上要有经手人签章并批注有关情节，验单要有主管人员签证。

（5）发现内件误发。应向封发局缮发验单，相关邮件随验单副份转发接收局并在相关清单上批注转发日期和接收局。

（6）发现邮件封志、封志损坏或有拆动痕迹。应复称重量，会同主管人员代封并批注在相关清单上，同时缮发验单通知封发局。必要时应附相关邮袋的袋皮、封志、绳扣、袋牌作证，并向上一环节追查。

（7）发现邮件有水湿、油污情况，应立即予以适当处理。向上一环节和封发局缮发验单，查明原因，明确责任。

（8）发现错登邮件编号、邮件漏登清单、登单划销未盖章、错漏结数、漏盖日戳或名章、漏注相关内容等差错事项，均应向封发局缮发验单，详细说明。

2. 验单的缮发与复验

快件验单是反映邮件处理工作质量、判明责任和相互督促、改进工作的重要依据。因此，凡在快件传递处理过程中发现异常的事项，必须认真缮发验单。如果相关部门未按规定缮发验单，以致责任不清时，应由该部门承担相关责任。

（1）缮发验单内容。为便于相关部门查实和处理，应填写下列各项：

1）验单号码、发验部门名称、受验部门名称和发验日期。

2）邮袋交运的航班（车次）、路单和清单号码、发运日期。

3）邮件号码、收寄部门名称、收寄日期、寄件人和收件人的详细名址、邮件重量。

4）邮袋和邮件的封装情况。

5）发生差错、延误、损毁、丢失等问题的处理情况。

6）随验单所附寄的相关证物。

7）验单的抄送部门。

（2）验单编号。验单应当顺序编号，每年换编一次。

（3）缮发验单时，应当按照下列规定办理：

1）缮写验单时，一般填写一式二份。如发生差错事项性质严重，涉及补偿等事项时，验单应增添份数抄送相关领导部门。

2）验单缮就后，应当在相关路单或清单上批注，并交主管人员审阅签发。

3）验单寄发后，如需要对方局答复的，应及时检查和催复。

（4）进口验单处理。须集中管理，收到进口验单时，应当编列接收号码，登入“进口验单登记簿”，并按下列规定办理：

1）除一般问题不需答复外，不论是否查明原因，都应从验单收到之日起，二日内将查明结果或尚待查明的情况答复发验部门。验单若抄有副份的，答复也应照抄寄送。

2）复验或复电必须经主管人员审查签证，否则无效。

3）发验部门收到复验或复电，经妥善处理后，与相关验单底份一并归档。

第6单元

快件封发

分拣封发工作，是快件传递过程中的重要环节。将寄往同一地点或同一方向及其经转范围的快件经过分拣处理后集中在一起，按一定要求封成快件总包，并发交给快件运输环节的作业，即封装和发运，简称为快件封发。总包要经过多种运输方式才能运送到目的地分拣中心，因此，封发作业必须严格操作，所用的封装空袋、封志、包牌等用品应符合规定，并达到封发的规格标准，以使快件准确、安全、完整、及时地传递到收件人手中。

第一节　登单与信息的汇总比对

→能够登记快件封发清单

→能统计汇总拆解和封发信息，进行比对合拢

一、快件登单

登单就是登记快件封发清单，它是快件传递处理的记录，各环节根据记录的内容接收和处理快件。在快递企业中，出站快件的登单一般有两种方式：一是手工在专用纸质清单上登记快件号码、寄达地等信息；二是人工或机器扫描录入条形码信息。目前，多数快件登单操作采用扫描录入条形码信息的方式。

无论采取哪种登单方式，最终都是以纸质或电子两种介质形式的清单，实现相关信息的记录和传递。

1. 手工登单操作

（1）选择合适的清单，准确填写登单日期（或加盖专用封发地日期戳记）、清单号码、封发地、寄达地。

（2）清单号码编排如以数字顺序、日期、专用代码为编列序号时，不得重复或错编。对号码使用有时间或号段限制的清单登记本，需注意及时更换。例如，某快递企业规定填满 1000 号后更新封发清单簿，业务员在操作时就要注意，填满 1000 号后不能填 1001 号，而是要从“1 号”重新开始填写。还有的快递企业规定每年元旦从“0”号开始编列清单簿的号码，业务员在元旦那天就要注意更换号码。

（3）按出发车站发车的先后顺序，完整、准确地逐件抄登快件号码、寄达地、快件类别、重量等内容。

（4）抄登快件使用规范的汉字、阿拉伯数字及专用代码。抄登快件的内容要与清单的栏目要求一一对应。

（5）对于退回、易碎、液体快件，要在备注栏或相关栏别注明。

（6）对于保价、代收货款、到付快件，应注明金额或使用专用清单。

（7）抄登多页清单时，应在每一页上注明页数。快件的总件数登在清单的最末一页。

（8）对一票多件的快件要集中抄登。

（9）结束登单时，应在指定位置使用正楷签名或加盖操作业务员名章。

（10）对需要建包、箱的快件，登单结束后制作总包包牌（包签）。包牌号码应和清单号码一致，其他填写内容根据作业要求填写。

2. 条形码设备扫描登单

扫描设备（数据采集器）在快件处理环节已得到普遍应用。其作用是通过设备扫描

单元
6

快件运单上的条形码进行封发清单的抄登，在快件满袋后生成和打印封发清单，并将快件封发生成对应的总包信息。其具体操作如下：

（1）使用条形码设备登单，首先启动操作系统，输入本操作员的用户名和密码，登录系统，选择系统中登单功能的对应操作模块。

（2）根据操作系统要求，输入邮编、电话区号、专用代码、拼音缩写等，正确选择进入登单格口的寄达地操作界面。

（3）对需要建总包的快件，除在系统自动生成并打印包牌或包签外，首先要扫描预制的总包条形码牌或签进行建包，再扫描该包内的快件。

（4）逐一扫描快件，防止漏扫和误扫，挑出误分或破损快件。

（5）扫描条形码时，距快件条形码 5～30 厘米，使激光束覆盖条形码。扫描时需注意设备提示音响，当设备发出扫描失败提示音时，应进行重新扫描。

（6）为合理建立总包，保证快件安全、完好，应根据快件的性质、重量和体积进行分类扫描。

（7）对一票多件的快件进行集中扫描。

（8）条形码污染、受损无法扫描时，应手工键入条形码信息。

（9）对于退回、易碎、液体、保价、代收货款、到付等快件，要在备注栏或相关栏分别注明或使用专用模块扫描登单。

（10）如果错扫快件，应及时在操作系统中执行数据删除。

（11）扫描结束后，在操作系统中打印快件封发清单和总包袋牌，或制作电子信息清单。

（12）如果快件实物与打印清单数字不符，应及时查找复核。确认有登单无快件的，在操作系统中删除，重新打印清单；有快件无登单的，应重新扫描登单。

（13）如果总包包牌（包签）需要明确重量信息，除能在操作系统中自动获取外，应该利用称重设备进行人工称量，获取重量信息后再制作总包包牌（包签）。

（14）除系统能直接接收扫描设备传输的所扫描的快件信息外，其他扫描设备在扫描结束后需要上传扫描信息，打印清单或制作电子信息清单。

（15）登单结束，检查作业场地周围有无遗留未扫描的快件。

（16）操作人员退出扫描模块操作系统。

3. 分拣系统自动形成清单

系统自动登单是通过快件分拣系统的扫描装置，对快件的体积、重量、条形码信息、件数自动检索，当某一逻辑格口达到一定设置的封发标准时，系统发出指令封锁格口，自动打印出封发清单，并对该格口有语音提示或屏幕显示。

采用系统自动登单，业务员应该从以下几方面进行检查：

（1）检查设备操作系统是否升级、业务处理是否调整。如果进行了操作升级或调整，应及时修改相关信息并调整操作。

（2）检查分拣格口各功能控制按钮是否处在正常状态。

（3）不间断地巡视自动分拣的格口，检查是否有登单结束的快件。

（4）对自动封锁并打印出快件清单和总包袋牌或包签的格口，核对快件与清单数量，检查快件规格，清空格口及时解锁，使后续快件继续入格；也可用人工干预封锁格口，打印清单和袋牌。

（5）对发生错入格口的快件，如果还未形成清单信息的，要剔除该快件信息；如果已形成清单信息或已打印出清单的，应及时在操作系统中删除该快件信息，再重新打印新清单。

（6）对快件实物与打印清单数字不符的，应及时查找复核。确认有登单无快件的，在操作系统中删除无实物的快件信息，重新打印清单；有快件无登单的，对该快件进行重新分拣。

（7）快件在分拣下滑格口过程中，如果出现外包装破损，要及时转交专人处理。

（8）对未正常自动分拣扫描的快件，改用手工扫描登单操作。

（9）作业结束，检查场地周围是否遗留快件。

二、快件信息的汇总比对

1. 生成总包邮件信息模式

（1）模式 1：扫描总包邮件条形码，录入总包邮件信息。

邮件封发完毕后，使用邮区中心局系统的条形码识读器，选择数据接收界面，逐袋扫描已封妥的总包邮件条形码。如遇有无法扫描的袋牌，应重新制作袋牌进行更换并重新扫描。扫描完毕后，选择条形码识读器的数据上传界面，并将其放置在邮区中心局系统的通信座上，在邮区中心局系统选择数据接收界面，并选择条形码设备选项确认，将扫描采集的总包邮件信息上传到邮区中心局系统。

（2）模式 2：通过速递系统与邮区中心局系统接口传输总包信息。

从速递系统生成的封发信息通过接口传递到邮区中心局系统，由转运部门通过邮区中心局系统进行数据接收。

2. 生成封发总包信息

（1）快件总包开拆、散件勾核。快件总包交分拣作业区现场开拆，并利用网上给据散件互联互通信息执行散件扫描勾核。开拆挂信总包时，如开拆内件与网上清单数目不符，对拆出的给据散件逐件扫描勾核，确认差错信息并发验；如数目相符则不再逐件勾核，直接进入分拣环节。开拆包状邮件总包时，必须对拆出的内件逐件扫描勾核。班次结束后通过系统执行班次平衡，系统自动将本班次已开拆出的散件信息与本班次封发出的散件信息进行勾核比对，生成平衡合拢表。根据差错信息分析查找，是外局责任的网上发验。

（2）散件分拣、封发。各分拣作业区对各类快件进行分拣封发。快件要逐件扫描（抄登），生成清单信息。要求各班次必须当班封发处理完本班次开拆的所有邮件，对需要留存下一班次处理的邮件，必须封发到系统内设置的留存格口中，移交下班处理。

（3）封发总包信息的生成。在分拣封发处理中，原则上快件应直接利用生产作业子系统实时打印袋牌、产生总包信息；平常邮件在尚未要求标注总包重量信息的情况下，可通过预制袋牌，封发总包，使用条形码识读器将总包信息扫描录入生产作业子系统内，禁止手工录入信息。分拣封发部门将封发总包信息按时上传至本局相关转运部门。

第二节　建立总包和制作路单

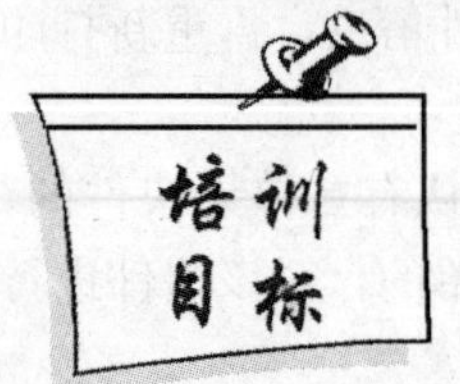

→ 能对出站快件建立总包
→ 能制作快件总包路单

一、总包建立流程

1. 登录封发清单

手工分拣的，逐口逐袋登录封发清单，将待封发邮件人工键入或扫描寄达局信息后登列封发清单。在实现计算机自动登单情况下，用条形码扫描器扫描待封发邮件的条形码，由机器自动登单。

2. 机器分拣

清格装袋时，逐格口扫描邮件条形码，复核下袋。由于在机分拣时机器已记录了邮件信息（邮件收寄局、邮件种类、邮件号码和寄达局），在设备性能及邮件规格标准能保证的情况下，可直接按键打印出封发清单。

包裹遇有条形码丢失及损坏的，应用便携式录入器上的数字键，键入邮件收寄局名、流水号、寄达局名和邮件种类。

3. 快件入袋

包裹的分拣封发实现机械化作业的，直接由分拣机分入邮袋（箱），包裹详情单也随包裹同步分入邮袋，计数器记录入袋包裹件数，封发时核对计数器记录的包裹件数与包裹封发清单上的件数是否相符，将包裹详情单（包单分离的）和封发清单装入清单套放入邮袋或集装箱后即可封发。封发邮件时要做到三核对（邮件、清单和袋牌），并保证三者完全相符。每袋重量以毛重 42 千克为限，“红杯”或者“红杯水”的邮件袋以毛重 17 千克为限，扎袋要用没有接头的棉质蜡绳按猪蹄扣捆扎法扎紧。

邮件必须由双人会同装袋、称重和封发，并在清单上共同盖章或者签字。封发邮件时应做到一袋一清，对标有“红杯”或者“红杯水”的邮件应当单独封袋，分别加挂“红杯袋牌”或者“红杯水袋牌”。

4. 扎捆包袋（集装箱）

拴挂包裹袋牌，袋牌上打印条形码信息（与打印该袋清单同时）、清单号码和件数，铅封后归堆、交发。邮袋扎紧后，要在扎绳的绳扣上垂直拴挂“国内快件”袋牌。

将封好的平信总包称重并打印条形码袋牌。封扎邮袋时，为防止拴错袋牌，扎袋前再一次查看袋牌上的局名与寄达局是否相符。邮袋扎紧后，要在袋绳的绳扣上垂直拴挂相应邮件类别（平信或挂信）袋牌。袋牌栓挂好后要穿上铅志，再将绳头交叉打结，将扎绳收紧然后横执夹钳，使之与扎绳成垂直形，将钢模上的字全部清晰地轧印在铅志上。扎好后将多余的绳头剪去。

5. 缮制路单

系统按照存储的格口信息生成路单信息和总包条形码信息，保存到数据库中，并根据需要打印路单。

在非信息自动处理情况下，按照所封邮件接收局名，根据邮件封发和发运计划缮制交运路单。路单缮制一式三份，两份交出，一份存档。实现计算机信息自动处理的邮区中心局，只将封发信息发给信息处理中心数据库，再传至总出口或转运部门，不再缮制分路单。

交由火车、自办汽车邮路、自押的委办汽车邮路和市内趟车运递的邮件袋登注“国内快件收发路单”；交由航空、不派押的委办汽车或轮船邮路运递的登注“国内快件收发航空/汽车/轮船快件路单”，禁止不登路单发运。

路单要逐格逐袋登列，同一寄发局发往同一接收局的邮袋，如果号码连续可以 5 袋总登一格，非连续号码不可以混登一格。

“红杯”或者“红杯水”的邮件袋在备注栏内分别作相应的批注。

登完路单必须双人会同对相关邮袋勾挑核对，并加盖日戳和经手人名章，如果因错登必须划销或更改时，均应由经手人盖章。

6. 数据的统计与归档

根据封发业务数据进行个人、班组工作量等统计。按档案管理要求整理封发清单、路单，集中送交档案室（或通过信息系统传送相关封发数据）。将各类生产数据按照生产管理部门的要求进行统计处理，并生成生产统计报表。

7. 质量检查

对散件及封发的总包进行质量检查，检查的项目和检查的方法包括：

（1）散件：检查分拣有无错误。

（2）总包：检查袋牌、封志、绳扣、袋身等是否符合规格；封妥的袋牌同路单上的登记是否相符，车次、路向是否正确；有无漏封的格口，现场有无遗留邮件。

（3）对每个分拣席位的检查次数、数量基本平衡，对重点人、重点项目可加大检查次数和数量。

（4）检查出的差错，质检员要当即给予指正，并如实记录，质检员签字的同时，要求差错责任人签字，并记录检查结果。

（5）对于各岗位生产人员执行规章制度情况进行检查。

二、路单制作

1. 火车转运计算机制单

（1）入库制单。将接收的快件按到达库房的先后顺序逐一将路单输入计算机（或从网上接收路单信息），并保证输入内容准确无误。

在信息系统未应用的情况下要按接收的总包信息打印勾核单，供管库员勾核总包实物。

（2）制发车路单。按发车先后顺序进行逐车次打印总单、附单（分单），在规定的作业时限内打印出邮件发车路单和交接单，交配量员审核。

打印路单份数：邮件发车路单应填制一式三份，一份由发运局留存，一份交押运班留存，另一份随邮件交接收局转运部门留存。

信息系统应用的情况下只打印总路单。

联网的情况下，要确认最后的发车信息并通过网络传输至信息中心。

2. 航空转运计算机制单

（1）收发航空邮件路单应填制一式四份，一份由发运局留存，三份交收运航空站（承运单位留一份，其余二份随邮件带交接收站，由接收局签收后，站、局各留一份存档）。发联航的邮件还应多填一份路单给中转航站。

（2）对于交发非直达航线的各通航局的邮件，应按邮件最后到达一个班机卸交局分别填制总路单，联航邮件每增加一个中转航站相应增加一份路单交中转航站经转局。

3. 收发邮件路单

（1）贵重包裹袋和其他邮件袋，必须分别填制路单。

（2）封往同一接收局所有的平常邮件袋可以分类总登一格。

（3）“红杯”邮件袋、“红杯水”邮件袋、贵重包裹专袋、大件商包袋，备注栏分别作相应的批注。

（4）多页路单要注明页数，并在末页结总。

4. 路单的填写与查询

（1）手工路单录入。手工路单作为系统生成的当班路单的补充。

第一步：进入菜单“路单管理”下的“手工路单录入”，如图 6—1 所示。

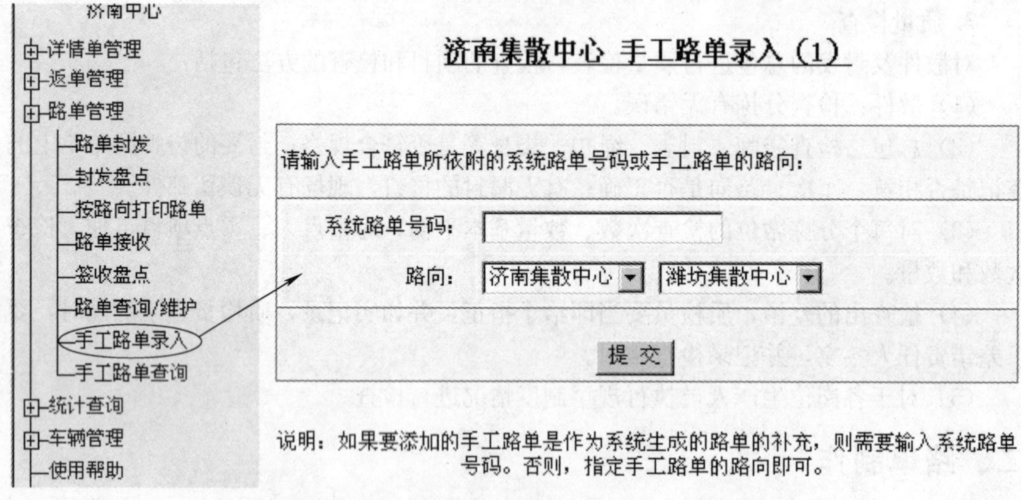

图 6—1 手工录入 1

路单封发处理结束后，操作员点击路单明细页面中的“手工路单录入”，进入手工路单录入界面，如图 6—2 所示。

第二步：操作员输入系统路单号码或选择路向提交查询。

第三步：操作员输入详情单信息，如图 6—3 所示。

第四步：系统显示手工路单基本信息。操作员可以继续输入详情单信息并提交。

快递货物交接路单（SD00061604）

手工路单录入

济南集散中心----潍坊集散中心

NO	详情单号	收寄局	寄达局	件数	重量	收寄日期
济南集散中心 --> 潍坊经转						
1	SDPLA00033704	聊城市 聊城市	青岛市 青岛市	1	3.0	2006-05-14 10:25
2	SDPLA00033704	济南市 聊城市	青岛市 青岛市	1	3.0	2006-05-14 10:25
3	SDPLA00033847	聊城市 聊城市	青岛市 青岛市	2	20.0	2006-05-14 18:11
4	SDPLA00033847	济南市 聊城市	青岛市 青岛市	2	20.0	2006-05-14 18:11
			小计	6	46.0	

总计 6件 46.0千克

备注：

打印路单 手工路单录入

图 6—2 手工录入 2

济南集散中心 手工路单录入（2）

详情单号码：	SDPLA00001111	总件数：	1	总重量：	10 千克
始发地邮编：	100000	北京市	北京市北京市	查 找	
目的地邮编：	250000	济南市	山东省济南市	查 找	
备注：					

提 交

图 6—3 手工录入 3

济南集散中心 手工路单录入（2）

手工路单号码	路向	总票数	总件数	总重量	对应路单
SGLD00000034	济南集散中心--->潍坊集散中心	1	1	10.0	

详情单号码	起止地	件数	重量	备注	
SDPLA00001111	北京市-->济南市 A	1	10.0 B		C 删除

录入完成 删除手工路单

详情单号码：	SDPLA00001112	总件数：	2	总重量：	63 千克
始发地邮编：	100000	北京市	北京市北京市	查 找	
目的地邮编：	266000	青岛市	山东省青岛市	查 找	
备注：					

提 交

图 6—4 手工录入 4

单元 6

第五步：如果手工路单录入完成，点击“录入完成”按钮。如果要取消本次手工路单的录入，点击“删除手工路单”。如果要删除手工路单中的某票详情单，点击详情单信息行末尾的“删除”，如图 6—4 所示。

(2) 查询手工路单信息。路单接收详情单标注：路单接收后，选择多个详情单号码进行标注，或选择单个详情单进行异常情况处理。

第一步：进入菜单“路单管理”下的“手工路单查询”。

第二步：操作员输入查询条件，如图 6—5 所示。

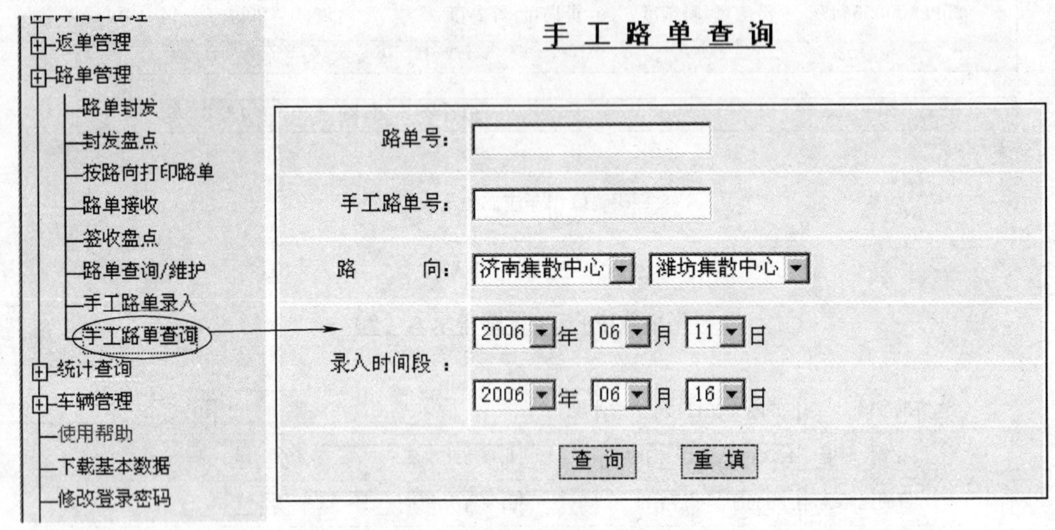

图 6—5　手工路单查询 1

第三步：系统显示查询结果，如图 6—6 所示。

手工路单查询结果

提示：点击 手工路单号码 或 对应路单号码 可查看详细信息。

手工路单号码	路向	总票数	总件数	总重量	对应路单
SGLD00000034	济南集散中心--->潍坊集散中心	1	1	10.0	

图 6—6　手工路单查询 2

第四步：操作员选择手工路单号码，查询手工路单信息。

(3) 路单中多个详情单批注

第一步：路单接收完成，操作员勾挑要批注的详情单号码后提交，如图 6—7 所示。

第二步：系统返回处理结果。

(4) 路单中单个详情单批注

第一步：路单接收完成，操作员点击要批注的详情单号码，如图 6—8 所示。

第二步：系统显示详情单异常处理页面，如图 6—9 所示。

处 理 结 果： 路单签收成功!

快递货物交接路单（SD00061593）

由 济南市 交 济南集散中心 接收

NO	详情单号	是否签收	收寄局	寄达局	件数	重量	收寄日期
□1	SDPLA12345665	已签收	济南市 济南市	德州市 德州市	2	12.0	06-06-12 10:27
□2	SDPLA12345669	已签收	济南市 济南市	德州市 德州市	2	12.0	06-06-12 11:16
				总计	4	24.0	

封发备注：

注意：1.勾选多个详情单号码提交，完成多票详情单的特殊标注。对于每票的详细处理可在详情单异常处理中进行设置。
2.您也可以通过点击详情单号码进行单票批注。

提交勾选

图 6—7　路单中多个详情单批注

单元 6

处 理 结 果： 路单签收成功!

快递货物交接路单（SD00061593）

由 济南市 交 济南集散中心 接收

NO	详情单号	是否签收	收寄局	寄达局	件数	重量	收寄日期
□1	SDPLA12345665	已签收	济南市 济南市	德州市 德州市	2	12.0	06-06-12 10:27
□2	SDPLA12345669	已签收	济南市 济南市	德州市 德州市	2	12.0	06-06-12 11:16
				总计	4	24.0	

封发备注：

注意：1.勾选多个详情单号码提交，完成多票详情单的特殊标注。对于每票的详细处理可在详情单异常处理中进行设置。
2.您也可以通过点击详情单号码进行单票批注。

提交勾选

图 6—8　路单中单个详情单批注 1

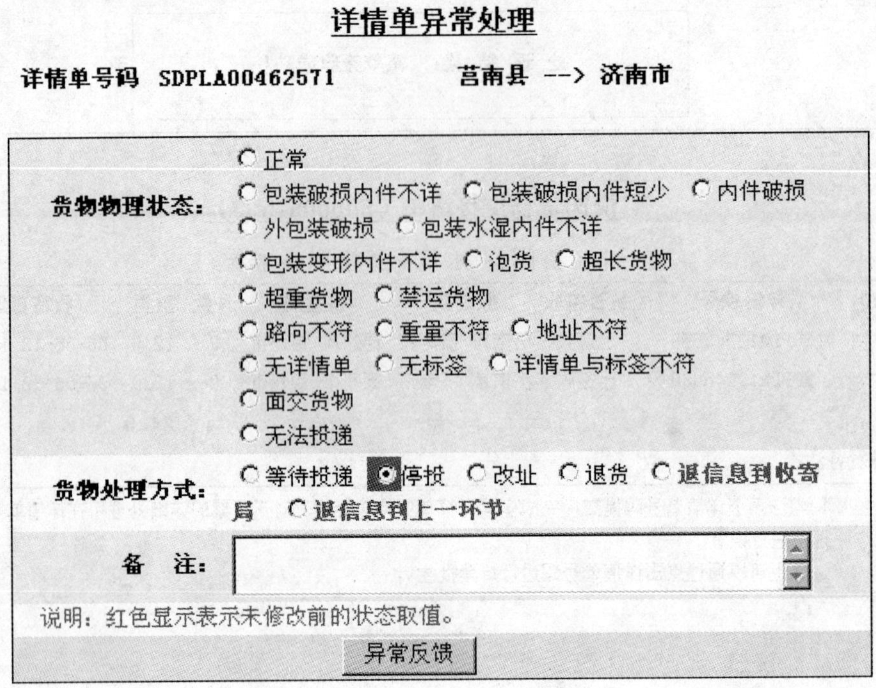

详情单异常处理

详情单号码 SDPLA00462571　　　莒南县 --> 济南市

	○正常
货物物理状态:	○包装破损内件不详 ○包装破损内件短少 ○内件破损 ○外包装破损 ○包装水湿内件不详 ○包装变形内件不详 ○泡货 ○超长货物 ○超重货物 ○禁运货物 ○路向不符 ○重量不符 ○地址不符 ○无详情单 ○无标签 ○详情单与标签不符 ○面交货物 ○无法投递
货物处理方式:	○等待投递 ⊙停投 ○改址 ○退货 ○**退信息到收寄局** ○**退信息到上一环节**
备　注:	

说明：红色显示表示未修改前的状态取值。

异常反馈

图 6—9　路单中单个详情单批注 2

附录 1

国内主要城市邮政编码和长途区号①

北京市

地区	邮政编码	长途区号	地区	邮政编码	长途区号
北京市	100000	010	顺义区	101300	010
平谷区	101200	010	密云县	101500	010
怀柔区	101400	010	昌平区	102200	010
延庆县	102100	010	房山区	102400	010
门头沟区	102300	010	大兴区	102600	010
通州区	101100	010			

上海市

地区	邮政编码	长途区号	地区	邮政编码	长途区号
上海市	200000	021	近郊区	200100	021
上海县	201100	021	川沙区	201200	021
南汇区	201300	021	奉贤区	201400	021
金山区	201500	021	松江区	201600	021
青浦区	201700	021	嘉定区	201800	021
宝山区	201900		崇明区	202100	021

天津市

地区	邮政编码	长途区号	地区	邮政编码	长途区号
天津市	300000	022	塘沽区	300450	022
汉沽区	300480	022	宁河县	301500	022
静海县	301600	022	武清区	301700	022
宝坻区	301800	022	蓟县	301900	022
大港区	300270	022			

① 此表仅供参考，如有变动，以实际最新公布的为准。

附录

重庆市

地区	邮政编码	长途区号	地区	邮政编码	长途区号
渝中区	400010	023	永川市	402160	023（在原六位号码前加 49）
江北区	400020	023	江津市	402260	023（在原六位号码前加 47）
沙坪坝区	400030	023	长寿县	401220	023（在原六位号码前加 40）
九龙坡区	400050	023	大足县	402360	023（在原六位号码前加 43）
南岸区	400060	023	璧山县	402760	023（在原六位号码前加 41）
大渡口区	400080	023	荣昌县	402460	023（在原六位号码前加 46）
北碚区	400700	023	潼南县	402660	023（在原六位号码前加 44）
万盛区	400800	023（在原六位号码前加 48）	铜梁县	402670	023（在原六位号码前加 45）
双桥区	400900	023（在原六位号码前加 43）	綦江县	401420	023（在原六位号码前加 48）
渝北区	401120	023	万县市	404000	023
巴南区	401320	023	涪陵市	408000	023（在原六位号码前加 72）
合川市	401520	023（在原六位号码前加 42）	黔江地区	409700	023

内蒙古

地区	邮政编码	长途区号	地区	邮政编码	长途区号
呼和浩特市	010000	0471	集宁市	012000	0474
二连浩特市	012600	04813	包头市	014000	0472
临河市	015000	0478	乌海市	016000	0473
东胜市	017000	0477	海拉尔市	021000	0470
满洲里市	021400	04812	牙克石市	022100	04801
赤峰市	024000	0476	锡林浩特市	026000	0479
乌兰浩特市	137400	04814	通辽市	028000	0475
霍林郭勒市	029200	04857	扎兰屯市	162600	04802

山西省

地区	邮政编码	长途区号	地区	邮政编码	长途区号
太原市	030000	0351	榆次市	030600	0354
忻州市	034000	0350	大同市	037000	0352
临汾市	041000	0357	侯马市	043000	03651
运城市	044000	0359	阳泉市	045000	0353
长治市	046000	0355	晋城市	048000	0356

河北省

地区	邮政编码	长途区号	地区	邮政编码	长途区号
石家庄市	050000	0311	南宫市	051800	03278
辛集市	052300	03215	衡水市	053000	0318
邢台市	054000	0319	沙河市	054100	03286
邯郸市	056000	0310	沧州市	061000	0317
泊头市	062100	03439	任丘市	062500	03426
唐山市	063000	0315	秦皇岛市	066000	0335
北戴河区	066100	0335	承德市	067000	0314
保定市	071000	0312	涿州市	072700	03234
定州市	073000	03244	张家口市	075000	0313
廊坊市	102800	0316			

辽宁省

地区	邮政编码	长途区号	地区	邮政编码	长途区号
沈阳市	110000	024	辽阳市	111000	0419
铁岭市	112000	0410	铁法市	112700	0410
抚顺市	113000	0413	鞍山市	114000	0412
海城市	114200	04221	营口市	115000	0417
大连市	116000	0411	瓦房店市	116300	0411
本溪市	117000	0414	丹东市	118000	0415
锦州市	121000	0416	锦西市	121500	04261
兴城市	121600	04262	朝阳市	122000	0421
北票市	122100	0421	阜新市	123000	0418
盘锦市	124000	04271			

吉林省

地区	邮政编码	长途区号	地区	邮政编码	长途区号
长春市	130000	0431	扶余市	131200	0438
吉林市	132000	0432	桦甸市	132400	04423
延吉市	133000	0433	图们市	133100	04436
龙井市	133400	04438	敦化市	133700	04435
通化市	134000	0435	集安市	134200	0435
浑江市	134300	0439	梅河口市	135000	0448
四平市	136000	0434	公主岭市	136100	04441

续表

地区	邮政编码	长途区号	地区	邮政编码	长途区号
辽源市	136200	0437	白城市	137000	0436
洮南市	137100	04461			

黑龙江省

地区	邮政编码	长途区号	地区	邮政编码	长途区号
哈尔滨市	150000	0451	阿城市	150300	0450
肇东市	151100	04616	绥化市	152000	0455
伊春市	153000	0458	佳木斯市	154000	0454
鹤岗市	154100	0454	七台河市	154600	04640
双鸭市	155100	04619	同江市	156400	0454
牡丹江市	157000	0453	绥汾河市	157300	04638
鸡西市	158100	0453	齐齐哈尔市	161000	0452
大庆市	163000	0459	北安市	164000	04661
黑河市	164300	0456	五大连池市	164500	04678

附录

江苏省

地区	邮政编码	长途区号	地区	邮政编码	长途区号
南京市	210000	025	仪征市	211400	05291
镇江市	212000	0511	丹阳市	212300	05211
常州市	213000	0519	无锡市	214000	0510
宜兴市	214200	05218	江阴市	214400	05217
苏州市	215000	0512	常熟市	215500	05221
徐州市	221000	0516	连云港市	222000	0518
淮阴市	223000	0517	淮安市	223200	0517
宿迁市	223800	05274	盐城市	224000	0515
东台市	224200	05251	扬州市	225000	0514
泰州市	225300	05241	兴化市	225700	05245
南通市	226000	0513			

安徽省

地区	邮政编码	长途区号	地区	邮政编码	长途区号
合肥市	230000	0551	淮南市	232000	0554
蚌埠市	233000	0552	宿州市	234000	
淮北市	235000	05600	阜阳市	236000	0558

续表

地区	邮政编码	长途区号	地区	邮政编码	长途区号
亳州市	236800	0558	六安市	237000	0564
巢湖市	238000	0565	滁州市	239000	0550
芜湖市	241000	0553	宣州市	242000	0563
黄山市	242700	0559	马鞍山市	243000	0555
铜陵市	244000	0562	黄山市	245000	0559
安庆市	246000	0556	歙县	245200	0559

山东省

地区	邮政编码	长途区号	地区	邮政编码	长途区号
济南市	250000	0531	聊城市	252000	05411
临清市	252600	05412	德州市	253000	0534
淄博市	255000	0533	滨州市	256600	05431
东营市	257000	05461	潍坊市	261000	0536
诸城市	262200	05465	青州市	262500	05469
烟台市	264000	0535	威海市	264200	0896
青岛市	266000	0532	泰安市	271000	0538
莱芜市	271100	05481	新泰市	271200	05482
济宁市	272100	0537	曲阜市	273100	05437
荷泽市	274000	0530	临沂市	276000	0539
日照市	276800	05400	枣庄市	277100	05471
滕州市	277500	05472			

浙江省

地区	邮政编码	长途区号	地区	邮政编码	长途区号
嵊泗	202400	0580	常山县	324200	0570
杭州市	310000	0571	宁波市	315000	0574
余杭区	311100	0571	鄞县	315100	0574
萧山市	311200	0571	镇海区	315200	0574
临安市	311300	0571	慈溪市	315300	0574
富阳县	311400	0571	余姚市	315400	0574
桐庐县	311500	0571	奉化县	315500	0574
建德县	311600	0571	宁海县	315600	0574
淳安县	311700	0571	象山县	315700	0574
诸暨市	311800	0575	滨海区	315800	0574

续表

地区	邮政编码	长途区号	地区	邮政编码	长途区号
绍兴市	312000	0575	定海县	316000	0580
绍兴县	312000	0575	永嘉县	325100	0577
兰溪县	321100	0579	瑞安县	325200	0577
武义县	321200	0579	文成县	325300	0577
永康县	321300	0579	平阳县	325400	0577
缙云县	321400	0578	泰顺县	325500	0577
义乌市	322000	0579	乐清县	325600	0577
东阳县	322100	0579	洞头县	325700	0577
浦江县	322200	0578	苍南县	325800	0577
磐安县	322300	0579	普 陀	316100	0580
上虞市	312300	0575	岱山县	316200	0580
嵊州市	312400	0575	临海市	317000	0576
新昌县	312500	0575	三门县	317100	0580
湖州市	313000	0572	天台县	317200	0576
长兴县	313100	0572	仙居县	317300	0576
德清县	313200	0572	黄 岩	317400	0576
安吉县	313300	0572	温岭县	317500	0576
嘉兴市	314000	0573	玉环县	317600	0576
嘉善县	314100	0573	椒江市	317700	0576
平湖县	314200	0573	金华市	321000	0579
海盐县	314300	0573	金华县	321000	0579
海宁市	314400	0573	丽水市	323000	0578
桐乡市	314500	0573	遂昌县	323300	0578
云和县	323600	0578	松阳县	323400	0578
龙泉县	323700	0578	景宁县	323500	0578
庆元县	323800	0578	开化县	324300	0570
青田县	323900	0578	龙游县	324400	0570
衢 县	324000	0570	瓯 海	325000	0577
衢州市	324000	0570	温州市	325000	0577
江山县	324100	0570			

江西省

地区	邮政编码	长途区号	地区	邮政编码	长途区号
南昌市	330000	0791	九江市	332000	0792
景德镇市	333000	0798	上饶市	334000	0793
鹰潭市	335000	07032	伊春市	335000	0795
新余市	336500	0790	萍乡市	337000	0799
赣州市	341000	0797	吉安市	343000	0796
井冈山市	343600	07060	抚州市	344000	0794
临川市	344100	0794			

福建省

地区	邮政编码	长途区号	地区	邮政编码	长途区号
福州市	350000	0591	莆田市	351100	0594
南平市	353000	0599	邵武市	354000	0599
厦门市	361000	0592	泉州市	362000	0595
石狮市	362700	0595	漳州市	363000	0596
龙岩市	364000	0597	三明市	365000	0598
永安市	366000	0598			

湖南省

地区	邮政编码	长途区号	地区	邮政编码	长途区号
长沙市	410000	0731	湘潭市	411100	0732
湘乡市	411400	0732	株洲市	412000	0733
益阳市	413000	0737	岳阳市	414000	0730
汨罗市	414400	0730	常德市	415000	0736
津市市	415400	0736	吉首市	416000	07481
大庸市	416600	07483	娄底市	417000	0738
涟源市	417100	0738	冷水江市	417500	0738
怀化市	418000	0745	洪江市	418200	07429
衡阳市	421000	0734	耒阳市	421800	
邵阳市	422000	0739	郴州市	423000	0735
永州市	425000	0746	冷水滩市	425100	0746

湖北省

地区	邮政编码	长途区号	地区	邮政编码	长途区号
武汉市	430000	027	麻城市	431600	07232

附

录

续表

地区	邮政编码	长途区号	地区	邮政编码	长途区号
天门市	431700	07261	孝感市	432100	0712
应城市	432400	07223	安陆市	432600	07225
仙桃市	433000	07214	洪湖市	433200	07213
沙市市	434000	0716	石首市	434400	07264
荆门市	434500	07267	黄石市	435000	0714
鄂州市	436000	0711	武穴市	436400	07239
咸宁市	437000	0715	襄樊市	437300	0710
蒲圻市	441000	07255	随州市	441300	07202
老河口市	441800	07207	丹江口市	441900	07292
十堰市	442000	0719	宜昌市	443000	0717
枝城市	443300	07275	恩施市	445000	0718
利川市	445400	07287			

河南省

地区	邮政编码	长途区号	地区	邮政编码	长途区号
郑州市	450000	0371	新乡市	453000	0373
焦作市	454100	0391	安阳市	455000	0372
鹤壁市	456600	0392	濮阳市	457000	03829
许昌市	461000	0374	漯河市	462000	03813
驻马店市	463000	0396	信阳市	464000	0376
周口市	466000	03851	平顶山市	467000	0375
洛阳市	471000	0379	三门峡市	472000	03891
义马市	472300	03887	南阳市	473000	0377
开封市	475000	0378	商丘市	476000	0370

广东省

地区	邮政编码	长途区号	地区	邮政编码	长途区号
广州市	510000	020	清远市	511500	0763
东莞市	511700	0769	韶关市	512000	0751
梅州市	514000	0753	汕头市	515000	0754
潮州市	515600	0768	惠州市	516000	0752
汕尾市	516600	0660	河源市	517000	0762
深圳市	518000	0755	湛江市	524000	0759
茂名市	525000	0668	肇庆市	526000	0758
佛山市	528000	0757	中山市	528400	0760
江门市	529000	0750	阳江市	529500	0662

海南省

地区	邮政编码	长途区号	地区	邮政编码	长途区号
海口市	570000	0898	琼海市	571400	0898
三亚市	572100	0899	通什市	572200	08001

广西省

地区	邮政编码	长途区号	地区	邮政编码	长途区号
南宁市	530000	0771	凭祥市	532600	07815
百色市	533000	0776	钦州市	535000	0777
北海市	536000	0779	玉林市	537000	0775
桂林市	541000	0773	梧州市	543000	0774
柳州市	545000	0772	台山市	546500	
河池市	547000	0778			

贵州省

地区	邮政编码	长途区号	地区	邮政编码	长途区号
贵阳市	550000	0851	六盘水市	553000	0858
铜仁市	554300	0856	凯里市	556000	0855
都匀市	558000	0854	安顺市	561000	0853
兴义市	562400	0859	遵义市	563000	0852
赤水市	564700				

四川省

地区	邮政编码	长途区号	地区	邮政编码	长途区号
成都市	610000	028	乐山市	614000	0833
西昌市	615000	0834	攀枝花市	617000	0812
得阳市	618000	0838	绵阳市	621000	0816
雅安市	625000	0835	广元市	628000	0839
遂宁市	629000	08252	达县市	635000	0818
南充市	637000	0817	华鉴市	638600	08260
内江市	641000	0832	自贡市	643000	0813
宜宾市	644000	0831	泸州市	646000	0830

附录

附录

云南省

地区	邮政编码	长途区号	地区	邮政编码	长途区号
昆明市	650000	0871	东川市	654100	08811
曲靖市	655000	0874	照通市	657000	0870
开远市	661000	08844	个旧市	661400	0873
大理市	671000	0872	楚雄市	675000	0878
宝山市	678000	0875			

陕西省

地区	邮政编码	长途区号	地区	邮政编码	长途区号
西安市	710000	029	咸阳市	712000	0910
渭南市	714000	0913	韩城市	715400	09238
延安市	716000	0911	宝鸡市	721000	0917
汉中市	723000	0916	铜川市	727000	0919

甘肃省

地区	邮政编码	长途区号	地区	邮政编码	长途区号
兰州市	730000	0931	白银市	730900	09430
临夏市	731100	0930	武威市	733000	0935
张掖市	734000	0936	酒泉市	735000	0937
嘉峪关市	735100	09477	玉门市	735200	09471
金昌市	737100	09455	天水市	741000	0938
平凉市	744000	0933	西峰市	745000	0934
陇南市	746000	0939			

宁夏

地区	邮政编码	长途区号	地区	邮政编码	长途区号
银川市	750000	0951	吴忠市	7511000	0953
青铜峡市	751600	0953	石嘴山市	753000	0952

青海省

地区	邮政编码	长途区号	地区	邮政编码	长途区号
西宁市	810000	0971	格尔木市	816000	0979
德令哈市	817000	0977	德令哈市	817000	0977

新疆

地区	邮政编码	长途区号	地区	邮政编码	长途区号
乌鲁木齐市	830000	0991	昌吉市	831100	0994
石河子市	832000	0993	奎屯市	833200	0992
博乐市	833400	09093	克拉玛依市	834000	0990
塔城市	834700	09003	伊宁市	835000	0999
阿勒泰市	836500	09009	吐鲁番市	838000	0995
哈密市	839000	09022	库尔勒市	841000	0996
阿克苏市	843000	0997	喀什市	844000	0998
阿图什市	845300	09081	和田市	848000	09032

西藏

地区	邮政编码	长途区号	地区	邮政编码	长途区号
拉萨市	850000	0891	日喀则市	857000	0892

附
录

附录 2

国内城市机场代码和国际主要城市机场代码

国内机场代码表

中文名称	英文名称	代码
包头	BAOTOU	BAV
广州	GUANGZHOU	CAN
郑州	ZHENGZHOU	CGO
长治	CHANGZHI	CIH
重庆	CHONGQING	CKG
长沙	CHANGSHA	CSX
成都	CHENGDU	CTU
大连	DALIAN	DLC
张家界	ZHANGJIAJIE	DYG
福州	FUZHOU	FOC
阜阳	FUYANG	FUG
海口	HAIKOU	HAK
合肥	HEFEI	HFE
杭州	HANGZHOU	HGH
香港	HONGKONG	HKG
哈尔滨	HARBIN	HRB
舟山	ZHOUSHAN	HSN
黄岩	HUANGYAN	HYN
景德镇	JINGDEZHEN	JDZ
晋江	JINJIANG	JJN
衢州	QUZHOU	JUZ
南昌	NANCHANG	KHN
昆明	KUNMING	KMG
贵阳	GUIYANG	KWE
桂林	GUILIN	KWL
兰州	LANZHOU	LHW

续表

中文名称	英文名称	代 码
连云港	LIANYUNGANG	LYG
宁波	NINGBO	NGB
南京	NANJING	NKG
北京	BEIJING	PEK
上海浦东	SHANGHAI PUDONG	PVG
上海虹桥	SHANGHAI HONGQIAO	SHA
沈阳	SHENYANG	SHE
西安西关	XI' ANXIGUAN	SIA
石家庄	SHIJIAZHUANG	SJW
汕头	SHANTOU	SWA
深圳	SHENZHEN	SZX
青岛	QINGDAO	TAO
济南	JINAN	TNA
天津	TIANJIN	TSN
黄山	HUANGSHAN	TXN
太原	TAIYUAN	TYN
乌鲁木齐	URUMQI	URC
温州	WENZHOU	WNZ
武汉	WUHAN	WUH
西安（咸阳）	XI' ANXIANYANG	XIY
厦门	XIAMEN	XMN
延吉	YANJI	YNJ
烟台	YANTAI	YNT
珠海	ZHUHAI	ZUH

国际机场代码表

中文名称	英文名称	代码
安克雷奇	ANCHORAGE	ANC
曼谷	BANGKOK	BKK
布里斯班	BRISBANE	BNE
孟买	MUMBAI	BOM
布鲁塞尔	BRUSSELS	BRU

续表

中文名称	英文名称	代码
巴黎	PARIS	CDG
札幌	SAPPORO	CTS
德里	DELHI	DEL
登巴萨	DENPASAR	DPS
福岛	FUKUSHIMA	FKS
法兰克富	FRANKFURT	FRA
福冈	FUKUOKA	FUK
关岛	GUAM	GUM
广岛	HIROSHIMA	HIJ
夏威夷	HONOLULU	HNL
华盛顿	WASHINGTON	IAD
纽约	NEW YORK	JFK
新泻	NIIGATA	KIJ
大阪	OSAKA	KIX
宫崎	MIYAZAKI	KMI
熊本	KUMAMOTO	KMJ
小松	KOMATSU	KMQ
鹿儿岛	KAGOSHIMA	KOJ
吉隆坡	KUALA LUMPUR	KUL
洛杉矶	LOS ANGELES	LAX
伦敦	LONDON	LHR
马德里	MADRID	MAD
慕尼黑	MUNICH	MUC
松山	MATSUYAMA	MYJ
名古屋	NAGOYA	NGO
长崎	NAGASAKI	NGS
东京（成田）	TOKYO	NRT
大分	OITA	OIT
冲绳	OKINAWA	OKA
冈山	OKAYAMA	OKJ
芝加哥	CHICAGO	ORD
釜山	PUSAN	PUS
仙台	SENDAI	SDJ
西雅图	SEATTLE	SEA

续表

中文名称	英文名称	代 码
首尔	SEOUL	SEL
旧金山	SAN FRANCISC	SFO
新加坡	SINGAPORE	SIN
莫斯科	MOSCOW	SVO
悉尼	SYDNEY	SYD
富山	TOYAMA	TOY
台北	TAIPEI	TPE
维也纳	VIENNA	VIE
温哥华	VANCOUVER	YVR

附录 3

常见航空代码

国内航空代码表

国内航空公司			
中文名称	英文名称	2 位代码	3 位代码
中国国际航空公司	Air China	CA	CCA
中国北方航空公司	China Northern Airlines	CJ	CBF
中国南方航空公司	China Southern Airlines	CZ	CSN
中国西南航空公司	China Southwest Airlines	SZ	CXN
中国西北航空公司	China Northwest Airlines	WH	CWN
东方航空公司	China Eastern Airlines	MU	CES
厦门航空公司	Xiamen Airlines	MF	CXA
山东航空公司	Shandong Airlines	SC	CDG
上海航空公司	Shanghai Airlines	FM	CSF
深圳航空公司	Shenzhen Airlines	4G	CSJ
中国新华航空公司	China Xinhua Airlines	X2	CXH
云南航空公司	Yunnan Airlines	3Q	CYH
新疆航空公司	Xinjiang Airlines	XO	CXJ
四川航空公司	Sichuan Airlines	3U	CSC
中原航空公司	Zhongyuan Airlines	Z2	CYN
武汉航空公司	Wuhan Airlines	WU	CWU
贵州航空公司	Guizhou Airlines	G4	CGH
海南航空公司	Hainan Airlines	H4	CHH
中国通用航空公司		GP	CTH
南京航空公司	Nanjing Airlines	3W	CNJ
浙江航空公司	Zhejiang Airlines	ZJ	CJG
长城航空公司	Greatwall Airlines	GW	CGW
福建航空公司	Fujian Airlines	FJ	CFJ
长安航空公司	Chang'an Airlines	2Z	CGN

国际航空代码表

国际航空公司			
中文名称	英文名称	2位代码	3位代码
港龙航空公司	Dragon Air	KA	KDA
大韩航空公司	Korean Air	KE	AKA
韩亚航窄公司	Asiana Airways	OZ	AAR
日本航空公司	Japan Airlines	JL	JAL
全日空公司	All Nippon Airways	NH	ANA
新加坡航空公司	Singapore Airlines	SQ	SIA
泰国国际航空公司	Thai Airways International	TG	THA
美国西北航空公司	Northwest Airlines	NW	NWA
加拿大国际航空公司	Canadian Airlines International	AC	
美国联合航空公司	United Airlines	UA	UAL
英国航空公司	British Airways	BA	BAW
荷兰皇家航空公司	Klm Royal Dutch Airlines	KL	
德国汉莎航空公司	Lufthansa German Airlines	LH	DLH
法国航空公司	Air France	AF	AFR
瑞士航空公司	Swissair	SR	SWR
奥地利航空公司	Austrian Airlines	OS	AUA
俄罗斯国际航空公司	Aeroflot Russian International	SU	AFL
澳洲航空公司	Qantas Airways	QF	QFA
芬兰航空公司	Finnair Airlines	AY	FIN
意大利航空公司	Italia Airlines	AZ	AZA
斯堪的纳维亚（北欧）航空公司	Scandinavian Airlines	SK	SAS
文莱皇家航空公司	Royal Brunei Airlines	BI	RBA
印度尼西亚鹰航空公司	Garuda Indonesia Airlines	GA	GIA
新加坡胜安航空公司	Singapore Silk Air	MI	MMP
马来西亚航空公司	Malaysian Airlines	MH	MAS
埃塞俄比亚航空公司	Ethiopian Airlines	ET	RTH
美国长青国际航空公司	Evergeen Int Airlines	EZ	EIA
波兰航空公司	Lot-Polish Airlines	LO	LOT
罗马尼亚航空公司	Torom Romanian Air Transport	RO	ROT
乌兹别克斯坦航空公司	Uzbekstan Airlines	HY	UZB
伏尔加第聂伯航空公司	Volga-Dnepr Airlines	VI	VDA
乌克兰航空公司	Air Ukraine		UKR
哈萨克斯坦航空公司	Kazakhstan Airlines	K4	KXA

续表

中文名称	英文名称	2位代码	3位代码
蒙古航空公司	Miat Mongolian Airlines	OM	MGL
巴基斯坦国际航空公司	Pakistan International Airlines	PK	PIA
菲律宾航空公司	Philippine Airlines	PR	PAL
尼泊尔王家航空公司	Royal Nepal Airlines	RA	RNA
伊朗航空公司	Iran Air—The Airlines of Isamic	IR	IRA
朝鲜航空公司	Air Koryo	JS	KOR
以色列航空公司	Ei Ai Israel Airlines	LY	ELY
澳门航空公司	Air Macau	NX	AMU
缅甸国际航空公司	Myanmar Airways	UB	UBA
越南航空公司	Vientnam Airlines	VN	HVN
如有变动以实际为准			

附录 4

常见服装、食品、书籍等寄递物品英文名称

A

agar-agar	燕菜
all-weather coat	风雨衣
almond	杏仁/杏仁片/扁桃
apparel	服装
apricot glaze	杏桃果胶
apricot jam	杏子酱
artificial fur and leather garment	人造毛皮服装
atap seed	亚答子

B

beancurd sheet	腐皮
bell-bottom trousers	喇叭裤
black fungus（wood ear fungus ， dried black fungus）	黑木耳
blouse	女式衬衫
book	图书
bread	面包
brown sugar	红糖
business suit	职业服
butter	牛油/奶油
butter milk	酪乳

C

cape	披风
cashew nut	腰子豆/腰果/腰果仁/介寿果
cheese	起士/起司/芝士/乳酪/奶酪/干酪/乳饼
chemical fiber garment	化纤服装
chestnut	栗子
chestnut puree（ chestnut paste ）	栗蓉
children's wear	儿童服装
chili sauce	辣椒油
chilli bean sauce	豆瓣酱
Chinese red dates	红枣
Chinese style coat	中式上衣

附录

Chinese style slack	中式裤
choux pastry（ puff ）	泡芙
clothing	服装
cocktail fruit in syrup	综合水果罐头
comic book	漫画书
cookie	曲奇
cotton clothes	棉布服装
cotton wadded jacket	棉袄
cotton wadded trousers	棉裤
cowboy wear	牛仔服
crepe	可丽饼
culottes	女裙裤
D	
dark brown sugar	红糖/黑糖
dessicated coconut	干椰丝
down garment	羽绒服装
down wadded trousers	羽绒裤
down wear	羽绒服
dress	连衣裙
dried apple	苹果脯/苹果干
dried apricot	杏脯
dried beancurd stick	腐竹
dried beef cubes	牛肉粒
dried beef sliced	牛肉片
dried black mushroom	冬菇
dried chestnut	干栗子
dried fig	无花果干
dried fish	鱼干
dried lily bulb	百合干
dried longan	龙眼干/龙眼肉/桂圆/圆肉
dried peach	桃脯
dried persimmon	柿饼
dried pork floss	猪肉松
dried shrimp	虾米
E	
eastern and western style coat	中西式上衣
egg tart（custard tart ）	蛋挞
evening dress	晚礼服

F

fashion	时装
fiction	小说
fur or leather garment	皮衣

G

garments	服装
ginger powder	姜粉
ginkgo nut	白果/银杏
glace cherry（candied cherry）	蜜渍樱桃/露桃/车梨子
glace pineapple（candied pineapple）	蜜渍凤梨

H

hunting coat	猎装

I

infant's wear	婴儿服装
instant noodles	方便面

J

jacket	夹克衫
jeans	牛仔裤
jelly	果子冻/果冻粉
jumper skirt	背心裙
jumpsuit	连衣裤

K

ketchup	番茄酱
knickerbockers	灯笼裤

L

loquats in syrup	糖水枇杷
lotus paste	莲蓉
lotus seed	莲子

M

magazine	杂志
mantle	斗篷
men's wear	男式服装
milk	牛奶/鲜奶/鲜乳
mini-skirts	超短裙
monosodium glutamate	味精
mousse	木司
Mu-er	木耳

附录

N

night-gown	睡袍
noodles	面条
nori seaweed (dried sea laver)	板海苔

O

osmanthus-flavored wine	桂花酒
overalls	背带裤
overcoat	大衣
oyster sauce	蚝油

P

pancake	煎饼/热饼/薄烤饼
peaches in syrup	水蜜桃罐头
peanut	花生
pecan	山胡桃/胡桃
pepitas	瓜子/南瓜子
pickled mustard-green	酸菜
pie	派/批
pine nut	松子（仁）
plain flour	面粉
poppy seed	罂粟籽
powdered milk (milk powder)	奶粉
preserved duck	腊鸭
preserved duck egg (soft/hard yolk)	皮蛋（糖心/ 硬心）
preserved duck gizzard	腊鸭肫干
preserved red date	蜜枣
pudding	布甸/布丁
pyjamas	睡衣裤

Q

qipao	旗袍
qipao style skirt	旗袍裙

R

raisin (dried currant)	葡萄干
red bean paste	红豆沙/乌豆沙
red date paste	枣泥
rice wine	加饭酒
rice-noodle	米粉
riding breeches	马裤
roasted duck	烤鸭

rock sugar	冰糖
S	
sago	西米/西贾米
salt black bean	豆豉
salted cucumber	咸黄瓜
salted duck egg	咸鸭蛋
salted egg yolk	咸蛋黄
saltine cracker	苏打饼干
sea vegetable (sea weed)	海带
sesame oil	麻油
sesame paste	芝麻酱
sesame seeds	芝麻
shirt	男式衬衫
short pants	短裤
silk garment	丝绸服装
silk noodles	粉丝
skirt	裙子
sour cream	酸奶油/酸忌廉/酸奶酪/酸乳酪
soy sauce	酱油
split mung bean	绿豆片
steamed sweet potato	蒸山芋
suit	西服
suits	套装
swallowtailed coat	燕尾服
T	
tart	塔/挞
toast	土司面包/吐司
toasted nori seaweed (roasted seaweed sushi nori)	烧海苔
tofu	豆腐
tomato paste	番茄酱（意大利料理用的）
tomato sauce	番茄酱（普通甜的）
trench coat	风衣
trousers	西裤
V	
vest	背心
vinegar	醋
W	
wafer biscuit	威化饼干

walnut	核桃/核桃仁/ 胡桃
wedding gown	新娘礼服
white spirits	白酒
women's wear	女式服装
woolen garment	毛呢服装
working wear	劳动保护服
X	
XO sauce	XO 酱
Y	
yoghurt	酸奶/酸乳酪
yoghurt drink（drinking yoghurt ）	优酪乳
young men's jacket	青年服
Z	
Zhongshan jacket	中山服

附录